2008 年，刚到迪拜的我被当时的老板拉着去逛景点，因为我懂英语，能帮他做翻译。但当时我满脑子全部都是工作，根本无心闲逛，对身后的帆船酒店没有一点兴趣，所以我玩得并不开心，也不放松

上：2013 年，原子能房产 JLT 分公司开业，当时聚集了好几位迪拜房产圈中的顶级销售

下：2015 年，行走在维也纳街头，那几年间每年有一半的时间我都在世界各地游历。我想多走走多看看，用更高的视野思考未来的方向。我很清楚，房产继续做下去没有什么了不起，我应该做一些更大量级的事情，比如互联网或人工智能，经过多年思索，最终选择了加密货币

2018 年，我在世界虚拟货币论坛上做分享嘉宾

2019 年，去日本游学期间，与 70 多位同学一起攀登富士山。我是第一个爬上山顶的，也是下山速度最快的。我戏称自己长了两条“飞毛腿”

上：2019 年，应主办方邀请，我去贵阳参加“中国国际大数据产业博览会”，期间结识图灵奖获得者惠特菲尔德 · 迪菲。迪菲被誉为“公钥加密技术之父”，他与合作伙伴所创建的密钥交换机制开创了密钥加密算法和数字签名机制的先河

下：2019 年，我在斯坦福大学游学，与 David Tse（美国工程院院士，斯坦福大学教授，麻省理工博士，香农奖获得者）探讨区块链技术，就如何增加扩容，提升 TPS 与安全性等问题深度交流。David Tse 对原子链的发展提出建设性建议，双方期待未来有进一步的合作

2019 年，一家人在北京滑雪

上：2019 年，与时任英国首相布朗

下：火币创始人李林与廖望

上：我向意大利前首相马泰奥·伦齐介绍原子链。伦齐先生认为区块链是未来的趋势，我说："如果哪天您在意大利的街头看到ATOSHI的标志，那代表我们来了！"

下：我疯狂练习篮球，导致右脚骨折，但丝毫不影响我的心情。我生性乐观，不论身处何种逆境，都相信自己可以逆流而上。就像打篮球，因为身高问题，我一度认为我这辈子都不适合这项运动，在我决心攻克它之后，我可以轻松超越场上80%以上的非专业玩家

上：健身使我变得强大。在没有健身之前，我的体重只有50千克，通过健身增至超过65千克，这使我工作中有了更多的能量和动力。我认为，个人对自我身体的掌控力，在一定程度上代表了他对这个世界的掌控能力，这是我喜欢健身的根本所在

下：莱特币创始人 Charlie Lee 与廖望合影

上：我在阿联酋江西商会担任常务副会长，商会组织新年烧烤聚会，邀请江西电视台过来录制节目，大家通过电视给家乡人民拜年

下：ATOSHI 年会合影

上：原子链与北京公益服务发展促进会达成战略合作，给公益赋能
下：做客《影响力人物》节目，与央视主持人李雨霏分享我的创业故事

我在迪拜投资房产多年，大大小小的店铺、住房买过百余套，但自己的住房比较随意，以距离公司最近优先。直到儿子出生后，我正式置办了第一套自己居住的房产

小原子也可以点亮世界

廖望　李洁———著

中国大百科全书出版社

图书在版编目（CIP）数据

小原子也可以点亮世界/廖望，李洁著．—北京：中国大百科全书出版社，2021.2

ISBN 978-7-5202-0913-7

Ⅰ.①小… Ⅱ.①廖… ②李… Ⅲ.①廖望—传记 Ⅳ.①K825.38

中国版本图书馆CIP数据核字（2021）第023303号

出版人 刘国辉
策　划 刘　嘉
责任编辑 陈　光
责任印制 邹景峰
封面设计 程　然
出版发行 中国大百科全书出版社
地　址 北京阜成门北大街17号
邮　编 100037
网　址 http://www.ecph.com.cn
印　刷 鸿博睿特（天津）印刷科技有限公司
开　本 880毫米×1230毫米　1/32
字　数 148千字
印　张 9.25
版　次 2021年3月第1版
印　次 2021年3月第1次印刷
定　价 99.00元

目录

自序

2018 年，我决定回国二次创业。此时距 2008 年我第一次走出国门，刚好十年。这十年，我经历过饥饿、孤独、脆弱、绝望，也享受过爱情、真诚、骄傲、辉煌。如果说十年前的出走是一场自我成长的修行，那么十年后的回归就是“十年磨一剑，一朝试锋芒”。

在国外，身处他乡异地，创业的艰辛不为人知。很多次我站在迪拜喧嚣的十字路口，感觉自己仿佛一个幽灵，看着与己无关的人来车往可以从我身上穿体而过，却并不知道我的存在一般。被世界抛弃的孤独感裹挟着我，侵蚀着我的灵魂，我不知道明天将会置身何处，只有内心那个倔强的声音在支撑着自己：我一定能出人头地！

曾几何时，豪车名墅、财富自由、生活安逸是我的奋斗目标，只是没想到这些追求的目标实现后，随之而来的却是莫名的空虚和失落。多年的奋斗，使我一直将精神支撑视为安身立命之本。古有玄奘历经种种劫难西行取得真经，近有红军不畏艰难爬雪山过草地走完二万五千里长征，精神力量在其中提供了强大的支撑和动力。而在我凭借不服输的劲头实现从楼梯走道栖身到财富自由的跨越过程中，精神追求对于我来说尤为重要，失去它无异于失去灵魂。我清楚地知道，物质的富足并不能带给我长久的快乐，我必须要有更新的目标和更高的精神追求。

在我出国创业的这十年，中国的经济实力节节攀升，国际地位也不断提高。“你的祖国越强大，你在世界上越有尊严”，身在国外，对于这句话我有切身体会。越来越多的外国人对我们表现出尊重和佩服，作为一个中国人，我深感自豪。自豪之余，我心中油然产生一种强烈的国家荣誉感，要为祖国做点什么的想法也就愈加迫切。十年后的中国大地正掀起一股前所未有的创业浪潮，人人都在追求大国梦、强国梦，而我深埋在心底的梦想也被点燃。于是，我决定回国搭上这趟创业的飞船，追求属于我的中国梦。

我的梦想是什么呢？

我出身贫寒，但学习成绩优异，在那个懵懂的少年时代，总是时而超级自信，时而又脆弱自卑。那时因为缺乏对自己、对世界的认知，常因别人的一句话就感到沮丧，失去对未来的信心。中学时代学习物质的构成，当时的化学课本上讲到原子，说它是化学变化中最小的粒子。有多小呢？老师告诉我们："一滴水中大约有 5000 亿亿个原子。那么小的原子能做什么呢？你们知道原子弹吧，那个 1964 年在我国西北的上空升腾起的漂亮蘑菇云，就是通过原子的核裂变而产生的。"那一刻，我惊讶于小小原子竟蕴藏着这么大的能量。而我，不也是广阔天地中的一个小原子吗？我立志将来要像小原子一样点亮世界！

如果论出身、论家世，我算是抓了一手绝对要输掉的差牌。在人生的前 24 年，贫穷、饥饿、迷茫、挣扎一直围绕着我，挥之不去。

我 8 岁时差点因交不起学费而中途辍学；初中时因经常吃不饱而患病，得了肠炎；高中时代因为矮矬穷而自卑。我也一度寄希望于高考过关，以实现鱼跃龙门，可平时成绩拔尖的我却连续两年遭遇滑铁卢。上了大学后，如何赚钱成了我最重要的必修课：做家教、发传单、卖冰刀、倒腾迷彩服，到后来开了自己的校园广告公司。那时候，但凡是挣钱的活我都抢着去干，若非如此，学费哪儿来？吃饭的钱哪儿来？后来我出国打工，却遭逢全球性金融危机席卷，刚就业便失业，举目无亲的我只能睡楼梯走道，一天吃一个阿拉伯饼充饥。在眼前的苟且里，只有活下去是最重要的。即便是在这样的艰难岁月里，我也从未放弃自己的理想，坚守自己的原则，不做违法的事情，坚持靠自己勤劳的双手，为更好的明天奋斗！

2008 年全球金融危机爆发时，我所在的迪拜房产市场震荡，房价相对于高峰时期跌落 70%，各种房产公司不断关门歇业。我凭借自己的战略眼光摸索出一套销售技巧，独步江湖，逆势崛起，用 8 个月时间赚到人生第一桶金——60 万元人民币。2009 年 11 月 26 日，组成阿拉伯联合酋长国的 7 个酋长国之一的迪拜酋长国宣布，将重组其最大的企业实体迪拜世界，并将把迪拜世界债务偿还暂停 6 个月。这一消息令全球金融市场气氛逆转，引发资金快速出逃。大量国际资金抽离，商人破产，民间甚至有迪拜政府将要破产的传言。

在这样的环境背景下，我做出一个十分冒险的决定——开自己的房产公司！我不顾别人说我脑袋进水，抓紧布局，结果第一年净赚 400 万人民币，第二年净赚 600 万，第三年赶上金融危机回暖，我赚了 4000 万。之后我做起了房产投资，来钱的速度更快了，28 岁时实现了财富自由。我在熊市中踏实做事、积极布局，在牛市到来时收获了丰厚的回报。

当有了足够的时间和经济基础，我开始游历世界各国。我饱览心中向往的美景，入住世界上最贵的酒店，体验不同的生活，尝试跟各国友人交往，收获各国美女爱慕的眼神。我的生活变得有趣，但有时仍会产生莫名的空虚感。空虚感让我心生战栗，忍不住一次又一次地问自己，后半生就要这样度过吗？银行卡上不断递增的数字已经不能让我特别兴奋，美景和美食也都变成了可随手拈来的东西，可我心里总觉得缺点什么。缺点什么呢？曾经立志要做点亮世界的小原子，现在还有这样的梦想吗？我扪心自问，自觉还是有的。那么，为什么不去追求呢？嗯，原来追求梦想意味着要舍弃舒适的生活，舍弃稳定的事业。要知道，做到“断舍离”并不容易。如果能够做到舍弃，那么这个与梦想相关的事业一定有着超凡的魔力。

几年的游历生活让我结识了各行各业的人，眼界逐步拓宽，我开始突破常识的局限，用实体以外的方式赚钱。起初，我只做一些风险较小的股权投资，尝到甜头之后，我的投资范畴逐渐扩大到基金和股票上，回报也都颇为丰厚。2017 年初，我试水投资加密货币，以不到 10 美元一枚的价格购入一些莱特币，到年底涨到每枚 360 美元；而同样不到 10 美元购入的以太坊则涨到了 1400 美元。这令我十分诧异，原因并不是它们让我挣到了多少钱，而在于这些没有实体的虚拟货币是如何获得价值的，是什么让它的投资回报率竟高达上百倍甚至上千倍？我拿出几乎全部的时间来研究加密货币及其背后的区块链技术：上网搜索各种资讯，浏览相关视频，阅读国外原版的经济学论著以及最前沿的学术报告，寻找各种机会参加在世界各国举办的区块链、加密货币论坛，向链圈、币圈的行家求取真经……我目睹了这个行业的疯狂崛起和快速发展，也看到与之共生的浮躁和巨大的虚拟泡沫。我认为这就是新兴技术早期的模样，在它被发现之后，不可避免地要经历一个不稳定的市场发觉期和前所未有的突破期。

区块链在世界范围内掀起了一场前所未有的颠覆性科技浪潮，其对生产力的驱动不亚于蒸汽革命、电气革命和互联网的兴起，被视为“第四次工业革命”的关键技术。我们都知道，世界经济的运行靠的是金融和实体这一对孪生兄弟。实体乃金融之本，而没有金融这个火车头，实体这辆火车便无法提速。以往的蒸汽革命、电器革命更多地体现在实体经济上，互联网的崛起则催生出了互联网金融，此后金融和实体之间的联系更加紧密，而区块链革命则将深入金融和实体的各个层面，其广泛应用将对人类的生活带来颠覆性的改变。所以未来哪个国家优先掌握并使用区块链技术，谁就能在发展上占得先机。

这是区块链引领科技变革的时代，但最好的时代还没到来。比特币开创了加密货币的先河，但它不一定是世界上最好的加密货币。如果拿汽车来做个比喻，比特币就像第一辆汽车，它颠覆世人的想象——原来一个发动机加几个轮子就能载着人奔跑。然而最好的汽车并不是第一辆汽车，因为它连减震都没有，坐在上面可能会硌得屁股疼。后来制造出来的汽车逐步解决了这些问题，它快速、安全、舒适，到现在已经与每个人的生活不可分离。比特币自 2008 年发表白皮书的 11 年来，其去中心化概念已被证明是成功的，区块链技术也被认为是有效和安全的。然而随着开采难度的增加，比特币挖矿对能源的巨大消耗使其变得过于浪费，对于用户来说它转账费用贵且速度慢得令人抓狂。后来的一些加密货币在某种程度上解决了比特币的痛点，但仍有价格波动剧烈、使用存储不便等诸多问题。那么，有没有更好用的加密货币呢？一定有，未来不断迭代的新技术会解决这些问题。有了这些认识之后，我致力于研究区块链技术和加密货币的想法愈发强烈。这个想法日日夜夜冲击我的大脑，令我寝不安席，食不甘味。那一刻，我清楚地意识到，这就是我的梦想，就是我要为之奋斗终生的事业！

我一改以往高调的生活方式，带着波兰女友和两个孩子扎根北京，组建自己的原子链技术团队，亲自带头扎进办公室玩命工作。超负荷的工作并不会让我觉得难以忍受，相反，我感到身心前所未有地充满了力量。外界的质疑也不能让我停下脚步，因为我相信时间会给出最好的答案。

有些急功近利的人把币圈搞得乌烟瘴气，这让我引以为鉴，也更加坚定了捍卫梦想的初心。我不会把梦想当成赚钱的工具，毕竟这是我计划用 10 到 20 年来做好的一份事业。这份事业在我心里有着神圣的地位，我愿用呵护爱人般的温柔来守护，用抚育孩子成长般的耐心来培育。愿景一旦成真，届时加密货币将终结金融霸权，让世界金融更加便捷、高效、平等，而我也将用切身行动助力大国梦，实现“修身齐家治国平天下”的理想。

有人说我太爱冒险，万一做不好将名利尽失。我想，如果我能做好，便是为人类文明的发展贡献一点微薄的力量；做不好，我也愿意成为那个牺牲的人。因为这是一场革命，革命势必会有牺牲。曾经无数的先烈为了解放全中国而抛头颅洒热血，前仆后继地倒在前行的路上。先烈们都不曾畏惧，那我又有何所畏惧呢？即使为后来的人做一块垫脚石，让他们踩着我的躯体完成我未完成的梦想，那么我也是一个有价值的人，过了不平凡的一生。

要把事业做好，需凝聚一帮志同道合的人。为此，我成立了一个我们自己的社群 IMFO（为国际货币奋斗社群）。在这里有一帮和我一样的追梦人——有偏远山区支教的教师，有带孩子的妈妈，有硅谷的高科技人才，有资产亿万的老板……我们通过使命感而凝聚在一起，虽然各自身份不同，但都有一个不平凡的梦想。我们相信，每个人就像一个小小的原子，虽然很渺小，但是潜力无限，通过链接释放的能量可以点亮世界。

如果你也是那个小原子，恰好也有点亮世界的梦想，那么，就去追求吧！让我们不负春光，向着阳光野蛮生长，一起点亮世界！

第一章

天生我才必有用

1.1

没伞的孩子须努力奔跑

我出生在江西省兴国县。这个位于赣州北部的小县城是中国民间艺术山歌之乡，是中国风水文化的发源地，还是享誉中华的将军县。

兴国县始建于三国时期，至今已有近1800年历史，以壮美的自然景观和悠久的历史文化闻名于世。境内有冰心洞、太平岩、宝石仙境、丹霞湖等自然景观神功造化，各领风骚，闻名遐迩。据说明代探险家徐霞客曾这样描绘宝石仙境：月照丹霞如宝石生辉，云绕灵石若翔龙吐雾。身临幽谷像梦游仙境，声贯峭壁似钟鸣鼎沸。宝石山相传由文天祥命名，1277年时任南宋右丞相的文天祥护送皇太后经过兴国，遭遇元军围困，急需择一险峰登而守之。当时皇太后捧着玉玺，连登数峰都是地动山摇，直到登上一座一夫当关、万夫莫开的险峰仙人顶时，方才安然不动。文天祥赞曰：“真乃宝石山也！”遂为山名至今。

所谓钟灵毓秀、人杰地灵，兴国县曾孕育出唐代“江南第一宰相”钟绍京、明初参与修撰《元史》的史学家吕复、清代康熙朝重臣礼部侍郎王思轼等一批历史名人，在中国革命史上更是发挥了举足轻重的作用——毛泽东、朱德、周恩来、陈毅等老一辈无产阶级革命家都曾在这里工作和战斗过。毛泽东主席更是先后七次到兴国县指导工作，他称赞“兴国的同志创造了第一等的工作”，并亲授“模范兴国”红匾。土地革命战争时期，兴国县 80% 的青壮年都参加了红军，达 8 万人之多，其中有 5 万多人为国捐躯，有人说“在长征路上，每一公里就有一个兴国籍将士倒下”。在血与火的考验中，兴国县为中华人民共和国输送了“娃娃司令”萧华、“赣南农民运动的一面旗帜”陈奇涵等 56 位开国将军。

兴国县是很有代表性的客家县。有客家研究者认为，兴国之所以成为将军县，与客家人吃苦耐劳、艰苦创业的文化和习俗分不开。客家人源于历史上五次大规模的迁徙，他们不堪战乱、水患、瘟疫，从富庶的中原一路向南，在流亡的道路上历经千难万险，能活下来的大多是军人武士的后裔，从军尚武的精神便融注在这些先人的血液中。在中国历史上改朝换代的战争中，孕育了文天祥这样战败而不屈，“人生自古谁无死，留取丹心照汗青”的民族英雄；在近代革命中也有留下血书“死到阴间不反水，保护共产党万万岁”、奋勇跳崖壮烈牺牲的勇士江善忠，他们是客家人贫贱不能移、威武不能屈的英雄主义精神的写照。

我是一个地地道道的客家人，也许是上天要刻意激发出那深埋血液中吃苦耐劳的精神，从小我便吃了很多苦。我的老家在兴国县埠头乡的枫林村，这个当今被评为“中国乡村旅游模范村”的地方，在我出生和成长的那些年却是国家级的贫困村，而我的家庭就属于这个贫困村中的贫困户。

贫困到什么程度？我家住的是泥木结构的老房子，那是爷爷辈上留下来的。这种房子以木头为梁，土砖砌墙，盖上瓦片就成了屋顶，最大的好处是通风凉爽，最大的坏处是夏天漏雨、冬天灌风。遇上下雨天，经常是屋外下大雨屋里下小雨。这时，母亲会拿出家里全部能接水的容器放在地上，雨水叮叮当当敲打着盆盆罐罐，好似一场交响乐。不过我们根本无暇欣赏大自然送来的乐章，一家人在父亲的指挥下与雨水展开大作战。父亲亲自上场，举着一根长长的竹竿，抵住屋顶的瓦片止漏，我们小孩子则不停地进进出出，倒水换盆，场面十分热闹。一场大雨下来，我们身上溅的、脚底踩

房顶的楼板，冬天漏风、夏天漏雨

的全是泥巴，甚是狼狈。

到了冬天，北风呼呼地刮，从墙缝和瓦片中灌进来，把我们冻得缩成一团。因为衣服单薄，又缺少过冬的棉服，我只好跑到干稻草堆里，在避风的那面掏个洞，钻进去之后就暖和多了。在这儿没人打扰，我还可以躺着看会儿书，看累了便睡会儿，也很是惬意。但有时我也会被跑来跑去的老鼠搅得不胜其烦，想了很多办法试图赶走它们，甚至连学猫叫都用上了，均无济于事，因为它们就是躲避一时罢了，听到没有动静了就故态复萌。后来我也就听之任之，转换了思路，心想也许我该和它们和谐共处，因为确实是我占了它们的地盘。大概是老鼠也慢慢明白我改变想法了，便也不乱跑乱叫、不害怕了，后来竟在不远处下了一窝小崽儿。

当然，那个年代留给我的也并非全是苦闷的记忆。夏天天气闷热的时候，我会去村旁的平江和大大小小的池塘里游泳。在既没有空调也没有风扇的年代，游泳是最舒服的解暑方式。我家附近有一棵几十年的老柿子树，枝繁叶茂，树冠尤其浓密，像把大伞一样遮天蔽日，阳光几乎无法穿过，所以每到夏天父亲都会在柿子树下放一把亲手编制的竹躺椅，干活回来后便躺在树下乘凉。对我来说，如若哪天游泳结束，而父亲又不在跟前，我就会跑到竹椅上躺会儿，仰望着头顶上绿油油的树叶遐想，享受一阵阵凉风从脸上拂过的舒适。真是“少年不识愁滋味”，不一会儿我便进入甜蜜的梦乡了。

后来我发现，其实老柿子树梢上的风更大，更凉快些，而且看书应该不会有人打扰。于是我突发奇想，爬到老柿子树上建了一个“秘密领地”。我把竹躺椅搬到树上，先用钉子固定住，再用绳子绑好，还给自己做了个安全带。一旦得闲，我便爬上树，躺进我的秘密领地里，看书、发呆、睡觉，既凉爽又惬意。现在想想，都市人向往的树屋生活，其实我很早就幸福地过上了。

我 13 岁那年，来到离家十多里外的埠头乡去上中学。因为那时候有了晚自习，交通又不方便，便开始了住校生活。我因为学习成绩好，被选到学校的尖子班，每周六都要补课，周末只有一天可以回家。十多里的路程虽说不算远，但若是遇到极端天气，也是十分考验人的。记得有一年冬天的周六，下午飘雪了，北风呼啸，大雪纷飞。下到傍晚时分，已经是白雪皑皑，银装素裹，天地苍茫一片了。正像一首打油诗说的那样："长江一笼统，井上黑窟窿，黑狗身上白，白狗身上肿"。这时候要想回家，自行车肯定是骑不了了，我只能步行。为了早点到家，吃上妈妈做的香喷喷的饭菜，我不由得加快了脚步，快到家的时候，家家户户都已经吃过晚饭了。望着银白的世界，看着土屋，耳边听着凌乱的狗叫，想着归心似箭的自己，我头脑中浮现出"日暮苍山远，天寒白屋贫，柴门闻犬吠，风雪夜归人"的诗句来，唐代诗人刘长卿所描绘的情景不正是我此时此刻的写照吗？

在埠头中学住校，家里是要给我食宿方面的生活费的，我深知这是父母省吃俭用、从牙缝里一点点抠出来的，所以能省则省。学校食堂允许学生带米煮饭，我便从家带了一点米，再带一瓦罐母亲腌渍的浸菜。所谓浸菜，就是盐水泡的白萝卜、辣椒、豆角之类的蔬菜，微辣中带着点酸爽，特别好下饭。其它的开销也是尽量压缩，这样每个星期我还能余下一些钱。于是每到临回家前，我就拿着这些钱去买点苹果或者是梨子——我知道母亲喜欢吃水果，但是她从来都不舍得买给自己吃。

回到家，我将水果塞到正在做活儿的母亲怀里。我以为母亲会很开心，没想到她却板起脸来问我："从哪儿弄来的水果？"母亲一直教导我们要做一个正直的人，她这么问，一定是担心我离开家之后学坏了。我向她保证，我一没偷，二没抢，这些水果是我拿钱买的。她又问我哪儿来的钱，我说是我捡垃圾挣的，母亲紧绷着的脸这才露出笑容。其实中学课程安排得非常紧凑，我是没有时间捡垃圾的，这些钱是我省着尽量多吃家里带的浸菜，少买食堂的新鲜蔬菜，省下来的。为了哄母亲高兴，我只好编了个善意的谎言，因为我知道如果我老实交代，那些水果她是吃不下去的。

母亲将我买的水果收进瓦罐里。我会趁着她不在的时候，偷偷打开瓦罐，凑到罐口上深深吸上几口气，这时，苹果、梨子、香蕉混合在一起的味道迎面扑过来，一直钻进我的肺里，我的口水简直都要流下来了！不过，想想母亲虚弱的身体和她吃水果时开心的样子，我就硬生生地把蹿上来的馋虫压了回去。

那时候，吃母亲做的饭是一种莫大的享受。尽管都是一些粗茶淡饭，但是我可以尽情地吃，吃到很饱。因为家里的米是自家田里种的，菜也是自家园子里收的，都是不需要花钱的。母亲看我们小孩子瘦弱可怜，偶尔也会杀只鸡改善一下伙食，这样我便吃得更多了。在我看来，妈妈做的饭菜无异于人间美味，所以尽管财富自由后我吃过不少珍馐佳肴，最爱吃的依旧是带有妈妈味道的饭菜。每逢星期天下午离家前，那顿饭我总是吃得最多，因为吃完饭之后就要返校了。

2009 年，我父母的居家照。母亲虽然身体不好，但脸上始终挂着笑，我乐观的天性也许是受母亲所影响。父亲话不多，严肃威严。父母身处的这所房子就是我出生和成长的地方

可是吃得多了后，还得骑自行车返校，剧烈运动导致我的肠道非常不舒服，加上在学校长期吃不饱，长此以往我居然患了慢性肠炎。好在这并非什么致命的疾病，调理好了肠道也就恢复功能了，不然的话恐怕得留下一辈子的病根。

如果我不告诉你我是一个 80 后，你肯定认为我是在讲一段 60 后的故事。因为早在 20 世纪 80 年代，中国人已经在吃饱穿暖之外，对生活有了更高的物质需求和精神需求。而在我成长的 90 年代，则是市场经济蒸蒸日上的时代，一些有着胆识和魄力的人开始下海经商，成为先富起来的那批人，他们骑上摩托车，拿着大哥大，唱起卡拉 OK，看上了彩色电视机。即便是普通的家庭，自行车、缝纫机、电视机这三大件也成了基本标配。而我们家在那时，只有一辆除了铃铛不响其他地方都响的自行车才算是大件。直到 2003 年，我参加完高考去东莞打工，用打工的钱买了一台电风扇扛回家，我们家才有了第一件现代化的电器。

所谓幸福的家庭总是相似的，贫穷的家庭各有各的不同。其实若不是我们家养猪赔了钱，原本的生活还是可以的。90 年代初，市场经济的东风吹到了我们小小的乡村，村里一些有本事的人搞起了养猪专业户，有的还发了不小的财，我父亲也开始心动了。

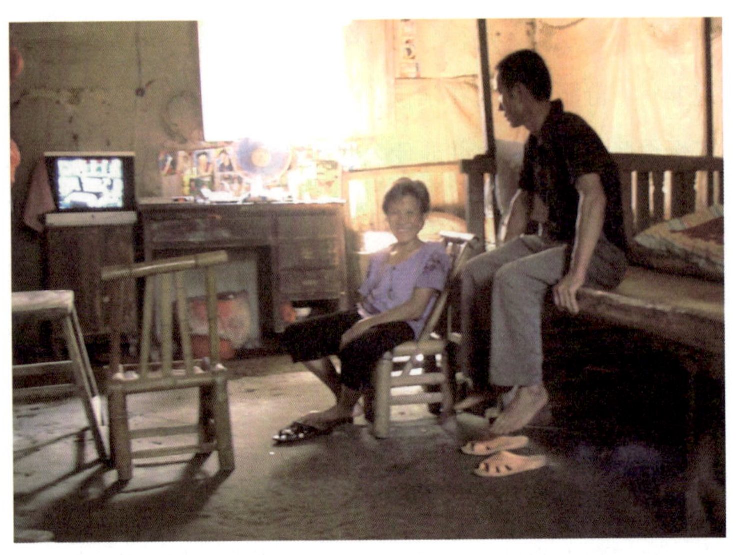

2009年父母在老家的照片。图左为2007年我在深圳打工时挤春运火车扛回家的那台二手彩色电视机

父亲是一个有些文化的农民，读过高中，在我们那个地方，和他同一时期的人读过高中的不多，如果搁在1949年前也算得上是半个秀才了。父亲之所以能读书，是因为我有个要强的祖母。我没见过祖母，但是听上一辈的人说起过她。祖母本也是贫苦出身，但是人长得漂亮，早年曾被地主家买去当过一段时间的小老婆。解放战争时期，地主被没收了土地，逃到了台湾，我祖母就留在了家乡，后来改嫁给了我的祖父——一个家庭成分好的贫农。

正是因为有些文化，父亲不甘心一辈子都面朝黄土背朝天，所以在市场经济大潮滚滚而来之际，他积极大胆地做出了尝试。那个时候养猪出了不少万元户，父亲也认为养猪是一条可行的致富之路——添上饲料猪就长肉，送到市场上就变成绿油油的大团结，养猪赚钱太容易了！于是，父亲向银行借了两万元贷款，盖猪圈——买猪仔——养猪——卖猪。第一批猪出栏后还真的挣了不少钱，父亲和母亲拿着厚厚的百元大钞，你数一遍我数一遍，兴奋得一晚上没睡好。他们过了太多苦日子，也真的穷怕了，父亲算了一笔账，一年养10头猪能卖3000块钱，那养上33头猪就是万元户了！这样一来，靠养猪脱贫致富奔小康指日可待，他要把养猪事业做大、做强！

当时养猪行情看好，猪仔、饲料全都大幅涨价，父亲没有犹豫，把所有的钱都投到了养猪上，因为他认定养猪成本的提高会让来年养大的肥猪卖个更好的价钱。可是，父亲看到了养猪能致富，却没看懂它背后复杂的社会原因——20世纪80年代后期到90年代初，正是我国从计划经济向商品经济转轨的时代，由票证供应的物资逐年减少，猪肉、棉布、粮油等商品陆续向市场敞开供应，人们终于不需要拿着限量配给的肉票去购买猪肉了，所以市场对猪肉的需求猛然大增。与此同时，由于价格向市场开放，肉价一路飙升，一批养猪的个体户率先富了起来。在尝到市场经济的甜头之后，人们开始变得大胆起来，并做起了理想主义的美梦。然而市场经济就是这么残酷，父亲的梦很快就醒了。还没等到把猪养大，高额的饲料费已让他苦不堪言，每天早上醒来，就要面对几十张饿得嗷嗷叫的大嘴，却苦于口袋比猪圈还要干净得太多！父亲母亲每天起早贪黑，带领着我们兄妹割猪草喂猪，还小心翼翼地伺候着，生怕它们生病。终于挨到可以卖猪时，偏偏那年有好几个省爆发了猪瘟，人们都不敢吃猪肉，生怕染上瘟病，导致猪肉价格断崖式大跌。我们养了一年的猪不但没挣钱，还赔了不少。父亲结结实实地尝到了失败的滋味。

俗话说，“福无双至，祸不单行”，这句话偏偏在我家应验了。一方面养猪赔了，另一方面，我母亲身体不好，又经常不能按时吃饭，整天饥一顿饱一顿的，原本就有的胃病加重了。真是“屋漏偏逢连夜雨，船破又遇顶头风”。妈妈身体不舒服，但她舍不得花钱，总是说：“我没事，老毛病了，种田的哪能那么娇养，我吃点药就会好的。”就这样，小病拖成了大病。直到有一天，母亲疼得无法下床，浑身发抖，脸色苍白，虚汗直流，还吐了血。我们兄妹都吓得手足无措，一个劲儿地哭着喊着：妈妈——妈妈——妈妈……母亲被送到医院后，医生一检查，发现是胃出血，就责怪我们道：“你们怎么拖到现在才来治疗！这样很耽误病情的，必须手术！”母亲在昏迷中被送上了手术台，她的胃被切掉了三分之一。手术后，因为家贫缺乏营养补充，母亲的身体恢复得不是很好，加上她还要照顾我们三个小孩，又要干农活，就患了腰椎间盘突出。母亲本来在切除部分胃后身体情况就每况愈下，再加上因腰椎间盘突出而挺不直腰，劳累过度，使得她终日面无血色，脸色灰黯，看起来比实际年龄要大很多，整个背都驼了。母亲的驼背给我的童年带来了不少阴影，我暗暗下定决心，一定要好好挣钱，多多挣钱，再也不要因为没钱而让母亲受这样的苦！

母亲的病拖垮了她的身体，也深深刺伤了父亲的自尊心。在经受了双重打击之后，父亲被彻底打垮了。他变得暴躁易怒，如果我们不听话，或者稍微有些事情违逆了他的意思，父亲的巴掌就会落下来，重重打在我们身上。

在今天这个时代，资产过千万的人可谓多如牛毛，可在那时连“万元户”都寥若晨星，至于我家，有的却是两万多元的银行欠款。它就像座大山那样压在我们一家人身上，我们再怎么省吃俭用，面对银行催款，依旧拿不出钱来偿还。

这就逼得父亲不得不再想一些办法。在农闲时，他会砍竹子编一些竹筐来卖，为了能多卖点钱，经常从早上编到晚上，一编就是一天。手割烂了，就撕块布简单包扎一下，再继续编。我们在那么小的时候也都要帮忙编竹子、打竹钉，厚重的老茧早早就爬满我们稚嫩的双手。每逢过年、过节，父亲还会拉上家里的旧板车，装上爆爆米花用的大黑铁筒，去集市上或者是村里摆摊爆爆米花。学校往往在这个时候放假，我便跟着父亲一起，帮忙推板车、拉爆爆米花的风箱。除此之外，我还会干一些家里的农活——放牛、割猪草、施肥、收稻谷。由于母亲身体不好，我和哥哥、妹妹都尽可能抢着多干一些。只要有我在，我一定不让母亲干挑担子之类的重活。

一年之中，论起最辛苦的农活，就要算得上是收割水稻了。为了避开夏季正午毒辣的阳光，人们往往在凌晨五点就要下地干活。第一项工作是割稻，之后是脱稻粒。在农业机械化还没普及之前，脱稻粒需要借助人工踩踏的打谷机来完成。这时，需要一个人踩打谷机，另外一个人配合着把稻穗从地里抱起来送给他。我踩起打谷机来是最卖力的，速度奇快，一般需要两三个人同时递稻穗给我，因为一个人根本赶不上我干活的速度。村里好多长辈看我这很拼命的半大小

2009 年夏天，我回家探亲，和母亲一起下田挖红薯

伙子干活，踩打谷机的速度顶三个大人，纷纷给我竖起大拇指。

在地势低洼的田里割稻子，更是非常考验人。这种稻田经常积水很多，割稻子的时候要站在烂泥里面，深的地方能淹没半个小腿。我家就有一块这样的责任田，割一次稻谷就会弄得满身烂泥，在这样的地里干活，速度根本提不起来。小小的一块稻田，即使我和父亲、哥哥一齐上阵，干到中午也仍然收割不完。午饭时刻，母亲从家里送来了饭，父亲让我把身上泥巴冲洗干净再吃，可我想到吃完还要接着干活，便懒得去洗。“不听老人言，吃亏在眼前”，这句老话说得一点没错，没等我把一顿饭吃完，身上的泥巴就被太阳烤干了，巴在皮肤上，衣服好像变成盔甲，又闷又硬，我活脱脱成了一只装在铁皮桶里的癞蛤蟆。割完稻谷还不算完，我们还要把上百斤稻谷抱到板车上，再拉回家去晒。又大又沉的打谷机也要拉回家，搬动的时候好像有一辆坦克压在我身上，但我总是能咬咬牙挺过去。

那时候我那瘦弱的身躯不知道哪儿来的那么多力气，家里没有好吃的饭菜，吃口肉都是奢侈的，睡觉的时间又少，还要像大人一样下田干活，但我从来没有抱怨过。不过遗憾的是，在那个正值身体发育的年龄，因为缺少营养，睡眠不足，还经常干些肩扛百斤的重活，导致我的身高没有长起来，在班级里我一直都是最矮的那个，这也就成了我一辈子的痛。

收完稻谷之后，家里种的西瓜也熟了。我拉起家里的板车，装满西瓜，一个村一个村地叫卖。我会在一天中最热的时候吆喝卖瓜，因为我知道天气越热，生意就会越好。村民一个个从家里出来，见是一个小孩在叫卖，都愿意帮衬我的生意。有的人还专门回家把自己的小孩拽出来，对照着我进行一番教育："你看看人家多能吃苦，要向人家学习！""这么小的孩子，胆子多大，敢一个人拉着板车出来卖西瓜，真是好样的……"

参加完高考之后，我便摆起地摊，开始赚钱。我按斤收购高三毕业学生的旧书，这些书本来就是毕业生打算扔掉的，所以几乎是以卖废品的价格给了我。我把这些书分门别类整理好，再一本本地卖给下一届的学弟学妹。按斤收购来的书，一本少说能卖十块八块，多则二三十块。我收完我们学校的旧书，再去别的学校收购，然后按照同样的方法卖出去。卖完旧书，我又去学生宿舍推销洗发水、化妆品。直到学校放了假，同学都走光了，我便背上背包，只身一人去到广东的工厂打工。上了大学之后，我挣钱的范围越来越广，倒腾迷彩服、做家教、发传单、卖冰刀、拉赞助……不论利润大小，只要能赚钱就去干。

有时候生意很顺利，顺到我都不敢相信，一天能赚好几百块；有时候生意很差，差到几乎不开张的地步。对此，我努力调整心态，告诉自己，即使生意不开张，又能怎样？我又不蚀本，货还在，何况还是赚钱多的概率远远大于赚钱少的概率呢！我一点一点地积累着，相信总有一天能聚沙成塔，集腋成裘。

每当赚钱之后，我会及时总结经验教训和方法技巧，尽量减少和避免犯错，时刻保持警惕。我喜欢读一些成功人士写的书籍，跟有经验的商人聊天，因为他山之石，可以攻玉。我虚心好学且用心用脑，因此极少失败。多年来，在商场上的摸爬滚打，练就了我比较独到的眼光和把握时机的能力，可以说，我的事业风生水起，一帆风顺。

现在想想，那些年我真的吃了很多苦，但是正是因为这些苦，才成就了今天的我。曾经有人告诉我说，人没有受不了的罪，只有享不完的福。我觉得这句话真乃至理名言。如果我生在富贵人家，过着饭来张口衣来伸手的生活，我哪来的斗志，又怎能成就我的今天？因为贫穷，所以想拼命赚钱，那种感觉绝不亚于饥饿的人对食物、生病的人对健康的渴望。也正是因为挣钱的欲望强烈，我把别人喝咖啡的时间都用到了赚钱上，别人不能干的活我能干，别人不能吃的苦我能吃，别人不能熬的夜我能熬。有道是，笨鸟先飞早入林。一些同龄人还在为理想而徘徊、摸索，彷徨、试错的时候，我早已准确找到了自己的赛道，冲刺在了前方。不谦虚地说，在创业大潮中，我即使不算一个弄潮儿，也算是一个逆袭人生的拼搏者。

1.2

读书是唯一的希望

如果你出生在中国的20世纪80年代，那么我想在你成长的过程中，一定有这么一句被很多长辈无数次提到的话：你一定要好好读书，将来考个好大学，不然这辈子就完了。将“读书”和“一辈子”挂钩，是那个时代的家长最直接也是最粗暴的教育孩子的方式。长大后我听罗永浩的讲座，他戏谑地调侃这是“教育恐怖主义”。的确，它以近乎恐吓的语气对正在接受教育的孩子发出警告。我的父亲也是如此，每个新学期开始之前，他都会绷起脸来看着我说：“一定要好好读书，将来考个好大学，不然这辈子就完了！”父亲是一个比较严厉的人，在我们为数不多的交流中，这句话似乎永远都是父子对话的核心——或许也谈不上是对话，因为他每次说完，我都只会回答一个“嗯”字。这并不代表我对父亲的绝对服从，事实上我对他的很多做法看不惯，但是他说的这句话我从未质疑过。

村里有些早年因学习成绩好而进城工作的人，我亲眼见到那些长辈和父亲是多么的不一样。他们回村探亲时会开一辆轿车，在你身边飞驰而过，这时地上会卷起一阵尘土，尘土落下后留下的是村民们羡慕的眼神。父亲有个发小同学就是每年开轿车回老家过年的，你会发现他讲话的语气是那样洪亮、高亢，脸上挂着仿佛永远都不会消失的笑容。我父亲虽与他同龄，却皮肤黝黑，手指干裂、关节粗大，脸上的皱纹让他看起来要比实际年龄苍老很多，身上穿的那件廉价衣服因洗过太多次而看上去有些泛白，胸前隐隐约约地浮现着几个黑洞，说不清是被哪一次爆爆米花时溅出的火星给烧坏的。看到他在别人的谈笑风生中腼腆尴尬地搓手、陪笑，我脸上也跟着一起灼烧……

我发誓，绝不要活得像父亲那样。我盼着有种力量能将我拉出无边的深渊，拽向光明的彼岸。当父亲用严厉的口吻对我发出警告时，我知道我找到了那个力量——读书，是我改变命运的唯一希望。

我不需要老师耳提面命，自小便学习很好。我哥和堂哥的成绩也都很好。因为读书的机会来之不易，我们自然格外珍惜。在有些同龄人都要被家长追着赶着才肯上学的年纪，我却要独自到学校向老师争取上学的机会。那时我上小学一年级，上学期还很顺利，到了下学期开学前报名的时候，所有的同学都去报名了，我也要去，父母说："家里没有钱给你报名。"我急了，一把拽住父亲的袖口问："没钱报名怎么上学呢？"父亲转过脸，说："我尽快给你筹钱，把家里的猪仔卖了给你上学。你等几天，好不好？"我还是很着急，眼泪就掉了下来，扑簌簌地打在我家地板上，那个地板是泥土的，上面连水泥都没铺，打湿了一片泥土。父亲的朋友见我哭得可怜，便过去劝我说不要哭，他让我相信我爸会筹来钱的。在两人的哄劝下，我停止了哭泣。之后的几天，我每天都去猪圈里数猪仔少没少，可是等学校都开课了，猪仔还是没有卖掉。我已经没法再等了，要父亲送我去上学。父亲说："要读书你自己去嘛，自己去学校跟老师说！"我这时也明白了，再哭再闹也起不了作用了，就真的硬着头皮去了学校。

到了学校，我问了几个老师，找到了负责招生的教导主任。我说："我没钱，我想报名读书。"教导主任说："你没钱你读什么书？大家都交钱，你不交钱怎么可以哦？"我被他问住了，八岁的我真的不知道如何回答这个问题。我低头看着地面，又忍不住哭了起来，眼泪再一次打在地面上。也许是我的哭声引起了别人的注意，我听到一个温柔关切的声音：“这不是我们班的廖德臣（我的曾用名）吗？”——原来是我的班主任温老师，她正向我走过来。这时温老师刚从师范学校毕业，也就十八九岁的年纪，青春靓丽，满腹学识，笑容也特别美，在我们小孩子的眼里她就是传说中的仙女下凡。温老师走到我身边，摸了摸我的头，然后对教导主任说：“这小孩聪明伶俐，读书很厉害噢。要不这样吧，你先让他读书嘛，回头学费肯定能凑上的。”教导主任终于点头答应了。

我没有辜负温老师的夸赞，在整个小学阶段成绩都很好。也正是因为学习成绩优异，由于家庭贫困而缺位的自尊心得到了弥补。我母亲切除三分之一的胃，得了佝偻病驼了背，父亲事业潦倒，平日做些编竹器的活儿，过年靠爆爆米花维持生计。有些口无遮拦的村民便唤我“驼背佬的儿子”或是“爆爆米花的儿子”。这时我会气血上涌、浑身发烫，不过也就愣怔不到半秒，赶紧装作没听到，然后以最快的速度跑开。显然我很不喜欢这些侮辱性的称呼，但又非常明白，凭一个小学生的力量去和几个成年人正面对抗，是不可能赢的，想要堵住他们的嘴，只有好好学习！

或许是比一般的小学生多了一点毅力，我的学习成绩总

1999 年初中毕业前留念。最后一排左数第五个，看上去严重营养不良的那个同学就是我

是名列前茅。老师任命我为班里的学习委员，每次参加奥数比赛，五十来人的班级只选五个人，我是总有份的那一个。后来，我在学校的情况被那些人的儿女传到他们耳朵里，他们终于不再给我起绰号了，而是唤我“那个总考第一的孩子”。就是这样一个小小的称呼，让我再次感受到了读书的力量。

有了读书这个武器，我感觉自己不再弱小，并且增添了一股遇事不服输的劲儿。初中时我考上了重点班，由于班里同学都是几经筛选的优秀学生，开始我在他们中间并不突出。坐惯了成绩第一位置的我觉得很不舒服，就开始研究更好的学习方法，同时也在寻找其他能够让别人认可我的方式。后来真的遇到了这么一个机会。

那时候每个年级都设有流动红旗，发给那些卫生搞得好、上课纪律好的班级。我们一班的卫生是搞得最差的，上晚自习也是说话最多的。流动红旗每星期都要评比，而我们班却整整一个学期都没有拿到过一次。到了初一下学期刚开学后，我就觉得我要干点什么了。在强烈的班级荣誉感的驱使下，我决意去找班主任同时也是学校副校长——钟校长谈谈。

我敲了敲校长办公室的门，听到里面传来一声“进来”后，就推门而入。钟校长抬头见是我，就又低下头一边继续批改作业，一边问我：“有什么事吗？”我鼓足勇气，自告奋勇：“报告钟校长，我想当班长！”钟校长愣了一下，停下笔，抬起头来严肃地看着我，问：“你为什么想要当班长？”我诚恳地回答：“初一的其他班在上学期拿了十次流动红旗，我们一班一次都没有！他们在我面前炫耀，我觉得很没面子！如果您让我当班长，我一定让我们一班拿到最多的流动红旗！”钟校长问我：“你是为了班级有面子，所以想要当班长？”我有点急了：“钟校长，您是我们的班主任，还是学校的副校长，能拿流动红旗难道您不高兴吗？”钟校长突然笑了，但他又问：“那你告诉我为什么让你当班长，我们班就能拿到流动红旗？”我以为老师看不上我，脸憋得通红：“老师，您别看我个子小，我跟小伙伴们在一起的时候，他们都愿意听我的！不信您去问问我的小学同学！”钟校长终于哈哈大笑起来，他站起来拍了拍我的肩膀，让我好好干。

后来我认识到，钟老师能答应让我当班长，首先是看到了我的自信，更主要的原因是我恰巧解决了他的痛点：副校长亲自带的班却拿不到一次流动红旗，他本就脸上无光，但苦于副校长和班主任两个身份让他忙到分身乏术。所以当我主动站出来帮他解决这个问题时，他便很乐意地给了我这个机会。这一次毛遂自荐的成功，对我日后的工作也有很大启发——如果我能站在对方的角度考虑问题，解决他心中的痛点，那么我也会获得相应的机会。

当然，我所说的“小伙伴们都愿意听我的”也是事实。我从小就胆子大，和小伙伴们一起捅马蜂窝、游泳、上树掏鸟蛋时都冲在最前面，即使摔着碰着我也不认怂，所以伙伴们都觉得我很厉害，也都愿意听我的。我因为学习好，胆子大，主意多，能招呼起一帮小伙伴一起玩。我带着大家下河捉鱼，有时也会搞点地瓜来烤着吃，由于这些都是背着父母干的，每次都要有组织、有计划才能不会被察觉，这也无形中锻炼了我的“领导能力”。

为了当好这个班长，我也动了一点脑筋。我个子矮，人又瘦小，光凭着满腔热情不足以建立起威信。那时候我正看《三国志》，知道刘备论文才不如曹操，论武力不如孙权，之所以能和他们三分天下，离不开诸葛亮、张飞、关羽等人的追随。于是，我决定不能单打独斗。我先找了几个关系不错的同学，跟他们吹牛，说老师对我是如何如何欣赏，才让我当这个班长的。他们听我说得有鼻子有眼的，纷纷对我表示佩服，有个同学当即表示要申请做副班长。我看他个子挺高，足足比我高出一头，心想这家伙能镇住人，便替他申请做副班长。钟校长说：“既然是班长推荐的，那就让他来当这个副班长吧！”之后，我的自信心陡然大增。就这样，我先找好副班长，又跟学习委员、组织委员搞好关系，笼络起一帮班里的小头目。待我分配任务的时候，这帮人先跟着支持，其他同学自然也不会反对了。纵使出现一两个反对的声音，只要你稍微凶一点，说话大声一点，他们很快就会乖乖表示服从。

结果，我当班长一个月后，我们班就拿到了流动红旗。整个学期我们班的流动红旗是年级中拿得次数最多的。当班长让我建立起了强大的自信，当自信提升之后，加上学习基础本来不差，我的成绩很快又到了班级前几名的位置。上初二后，学校把四个重点班里面成绩最好的学生调出来组成一个拔尖班，我又被分到了拔尖班。

在我成长的道路上，父母对我读书的叮嘱给我带来影响一生的财富——我的自信、自律、不服输的个性就是在读书的过程中建立起来的。虽然正是因为把结果看得太重，导致我没能以良好的心态参加高考，与理想中的大学失之交臂，但我仍然感谢读书。从高考失败的阴影中走出来之后，我明白其实读书对我来说只是一个过程，好好读书是我能做的，当尽力之后这段经历足以让我收获丰厚，至于能不能考个好大学，有没有一个好的人生，其结果已经不再那么绝对。

第二章

谁的青春不迷惘

2.1

自尊心碎落一地

我的青春期来得比同龄人要稍晚些。人们常说穷人的孩子早当家，的确，贫穷的生活令我从小就比同龄孩子格外能吃苦、肯担当。从小学到初中，我一直都是别人眼里“懂事”的孩子——在学校，我是班里的“好学生”，不打架、不骂人、考试不作弊，有时间就看看书；在家里，我是父母眼中的“好孩子”，我不抱怨伙食也不挑剔衣着，学习从不让他们操心，回家还能主动分担家务劳作。所有人都认为我会一直这样走下去，顺利地读完高中，考上名牌大学。但人生的拐点还是来了，我的青春期在高中时代不期而至。

在我初中毕业之前，县里面组织了个“160 工程”，就是全县挑选 160 个学习成绩最好的学生，参加市里的保送考试，通过后便不用中考，直接进入“少年班”。所谓的“少年班”，就是旨在培养一批读两年高中即可参加高考的特殊班级。进入少年班的同学还要面临再次筛选，有一半优秀学生会被淘汰掉，剩下更优秀的80人才有资格在两年内读完高中三年课程，参加高考，直接报考名牌大学。现在看来，当年少年班的选拔极其苛刻，对很多学子来说可以说是非常残忍的，当时懂得并没有那么多，只觉得能被选中犹如荣耀加身。

被保送时，我有两所高中可以选择——兴国一中（现在的兴国中学）或是平川中学。生在农村的我出于对县城的向往，选择了在县城的兴国一中。我的保送成绩非常好，尤其是化学，在赣州18个县市中单科排名第一。入校一年之后，学校又优中选优，从80人中按照成绩排名选出40人，组成顶级少年班，我又有幸被选入其中。

能在最好的高中，读最好的班，本来是件值得骄傲的事，可我的骄傲很快就被泼上了冷水。初中升高中，看上去只是一次简单的升学，可对于我来说，无疑是进入了一个陌生的世界。在埠头中学读书时，我的同学几乎全部来自农村，大家共同语言多，能说得来，相互之间也没有什么攀比心。兴国一中的学生构成和之前的不一样，除了我们这些从农村中被选拔出来的部分同学之外，有不少都是城市里的孩子。我们班同学的父母，有的是银行的行长，有的是发改委的主任，有的是老师，还有的是做生意的大款，这些人都是兴国县有头有脸的人物。城市的孩子穿衣服的品牌是耐克、阿迪，以及当时十分流行的美特斯邦威，玩的是超级玛丽、小霸王游戏机，聊的是《龙猫》《流星花园》，还会唱各种流行歌曲。我们和他们的差距不是一星半点，衣服一个季节能有两三件换洗的已经很不错了，电子产品更是接触不到，对流行文化和社会热点也知之甚少。相比之下，我们农村的孩子好像处处都是短板。那时候，我的自尊心被深深地刺痛了，产生了可怕的自卑感。没多久，一个班的同学自动分成了“城市圈”和“农村圈”两个圈。县城的一帮孩子一块玩，农村的孩子也识趣，对那堵无形的墙心知肚明，不轻易去跨越。

“农村圈”的孩子没有优越的条件，更没有显赫的家世，能引以为傲的只有还不错的学习成绩。从前只要学习好，便不会有人嘲笑，还有很多人为你竖起大拇指。进入少年班，大家无论是来自农村还是来自城市，都曾经是班级里的佼佼者，在成绩都差不多的情形下，我们这批农村的孩子没有了读书的优势——唯一的光环也消失了。

非但如此，“城市圈”的孩子见多识广，综合素质普遍较高。他们的家长除了让他们完成书本知识的学习，还重视全面发展——他们会被送去参加课外兴趣班，家长鼓励他们收看电视新闻、收听广播、阅读报刊，也允许他们有适度的娱乐活动。而“农村圈”的孩子有着截然不同的生活——我们学习全靠自觉，学好了父母不会表扬你，学不好就会被责罚一通。遇到周末和假期，我们还要帮着干繁重的农活，很少有机会看电视，除课本以外，家里也没有其它书籍报刊。相比城市的孩子，我们就是传说中的“书呆子”，普通话蹩脚，唱歌又不行，踢球也不会，连穿衣打扮都土里土气。谁都不想被人瞧不起，但现实情况确实如此，在未成长起来之前，我们是无力更改的。

所谓出身决定起点，性格决定命运，出身贫苦的人起点较低，不可避免要受到一些不公正的待遇。青春期的男孩子把自尊心看得比什么都重，当自尊心受挫之后，我觉得自己出了问题，无论说什么、做什么都很不自在。

然而，我那股不服输的劲儿又出现了。班里竞选班长，需要上台演讲，为自己拉票。我的演讲稿写得很好，也很有自信。我的竞选演讲非常鼓舞人心，而且又有当班长的经验，所以在竞选者中，我获得的投票是最多的。可当了班长之后，麻烦就来了。我依旧按照往常管理初中班级的方法，遇到自习课上说话的同学或是不服从管理的，我会当众点名批评，并且为给自己壮胆而故意把音量提得很高。几次下来，一些同学就受不了，他们觉得你凭什么管我？还摆出一副“我偏就不听你的”的架势。我有点犯嘀咕，这和我初中时的同学不一样啊！初中的同学大部分是农村的孩子，没有太多的想法，普遍比较听话，基本上我说什么就是什么，没有人会站出来挑战你。那套方法到了高中，显然不奏效了。当然我也想过其他的方法，比如向老师求助，但这在我看来，告诉老师是令同学最为不齿的，所以这个想法刚一冒头就被我否定了。那我还有什么办法呢？论学习，我不是最好的；论个头，我是最矮的；而那时候刚开学不久，我还没有比较要好的朋友能够站出来支持我，所以一旦有人不服管，我确实无计可施。当了一个学期班长后，我意识到自己不是干这块儿的料，就主动找老师辞去了班长职务。

这一学期的班长生涯，非但没能提高我在班里的地位，反而暴露了我在管理上面能力不足。最让我难以接受的是，我的学习成绩也没有像初中那么优秀了。这里的学生都是各个初中里面最厉害的，城市里孩子成绩普遍又不错，语文、英文那是人家的天然优势强项。原本我的学习成绩多少还能给我些信心，但现在，从辞去班长的那一刻，几乎是全方位的失败。越是害怕失败，我越是急切地想证明自己，越是想证明自己，反而越是做不好。成绩下滑容易，上去难，我把全部的心思都放在学习上，总想考第一，为自己争口气，但理想和现实总是相差太远。我的注意力不像之前那样容易集中了，常常端坐于课桌之前，神游于书本之外，比别人花了更多的时间，成绩却并不能提高多少。

有一次考试，我考了全班倒数第二名。这个成绩就像是一张讥笑的脸，充满嘲讽地看着我，挥之不去，如影随形。我知道这样下去肯定不行，必须得想办法做点什么。如果不调整好自己的状态，那么关于未来的所有期望都会成为泡影，成为奢望，自己也终会变成别人眼中理所应当的没希望的差等生。当时也不流行什么心理咨询服务，只能靠自我疏导，于是我想尽各种办法来调整急躁的心态，努力回归正常。比如，让自己暂时忘记全班第一的目标，一步步往前走；再比如，多想想过往成功的经验，为自己加油打气。

终于，我的成绩开始有了起色，偶尔也能考个前几名。到了高二开学时，学校把两个少年班合并成了一个拔尖少年班，我还是被选中了。这一次分班，算是对我的一次小小激励，前途突然有了光明，我总算找回一点自信。

当时的少年班，教学进度比普通班快很多，我们用两年时间读完了高中三年的课程，高二结束便可以参加高考，这对少年班的每一个人来讲都是非常大的诱惑。老师也鼓励我们都去试一试，这是非常难得的练兵机会，对未来参加高考会有很大的好处。之前每届都有高二就考上名牌大学的先例。万一考上，那就是先人一步，一步先，步步先，人生从此进入另一个殿堂。无论从哪个方面看，都应该参加这次考试，应该说是有百利而无一害。

对于我来讲，高二最后一次期末考试，我考了全校前几名的成绩，所以以此类推，考上大学也并非是一件遥不可及的事情。但现实处境是，有一“障碍”横在我面前——报名费！家里未必能拿得出来报名费。我一度自暴自弃地想，干脆放弃得了。只是心中的小火苗根本压不住，在身体里窜来窜去，灼热难耐。我下意识地给自己打气，如果我真的考上了，就能占得人生的先机，将来能更早地参加工作挣钱，我一年怎么也能挣个千把块吧？还是很划算的！越想越觉得自己有道理，信心也越来越足，准备了很多理由打算回家跟父亲说。

这天回到家，我把想要高考的想法告诉了父亲。可是，父亲忽然的反对把我准备好的诸多理由都憋了回去。父亲问我：“人家都读三年才参加高考，你才读两年，有把握吗？”我说：“不试试怎么知道有没有把握呢？”父亲想了想，还是没同意，他说："报考费那么贵，哪来那么多钱让你浪费啊！你还是稳扎稳打一点吧，读完三年高中再报名！"不知道为什么，听了父亲的话，我的信心没来由地急速退缩，本来已经快要燃烧起来的火苗就这样被熄灭了。尽管有一千个不情愿，一万个不甘心，我最终还是顺从父亲的安排，没去参加当年的高考。

那一年，我们班好多人参加了高考，让我没想到的是，不但有人过了录取线，还有的考上了中国科技大学、东南大学等一流高校，当年就去上了大学。之后一路驰骋，去美国、去加拿大读硕士、博士，早早地当上了名牌大学最年轻的教授。我错失了这次高考机会，心中的隐痛无法用语言描述。我怨家庭贫穷，怨命运不公，怨我的父亲不会挣钱。我一面在怨天尤人，一面又不得不接受残酷的现实。

高三开学后，其他同学经常凑在一起兴奋地交流那次考试，相互分享成功的经验和失败的教训。我根本插不上嘴，也不愿听，不想反复去戳我内心最痛的地方，所以他们议论时我总是躲得远远的。可你越是想逃避，越会有人注意到你，在别人眼里你也就越另类。我知道很多同学在背后议论我，有些关系要好的同学当面问我为什么不参加高考，我装出一副满不在乎的样子说："没有什么为什么，就是不太想考。”他们再追问下去时，我就岔开话题。时间久了，就没人再问了。我有些高兴，但更多的是失落。我感觉自己被全世界抛弃了，所有的委屈、懊恼全都涌上心头，真是想哭都哭不出来。这种情况严重困扰了我，几乎持续到了再次高考。

2.2

初尝失败的滋味

进入高三，大家学习明显比之前更努力，好多人在心里暗暗较劲，要最后冲一次。我也是如此，并且应该是其中较劲最厉害的那个。只是尽管我非常努力，却很难让成绩排名稳定提升，就好像胆小的兔子，刚探出头来又缩了回去，一直在上等和中等偏上之间徘徊，这让我很恼火。每每这时，我还特别容易想起父亲说过的那句话："报考费好贵呢，哪来那么多钱让你浪费啊！"焦虑和自怨自艾让我心情更加烦乱，觉得父亲对不起我，太抠门了，不能体谅自己的儿子，更不理解我的抱负。再困难都该让我去考一次，毕竟同样是士兵，上过战场的跟没上过战场的完全不一样。可是往往又转念一想，试问自己何尝能理解父亲的苦衷呢？我竟不懂父亲的难处，一味要求他为自己做什么也有些自私，对不起父亲的辛劳。我不该在这上面跟别人比，自己应该更加努力才对。越是内疚自责，越担心将来考不好，辜负了大家的期望，更担心就此葬送了自己的未来。

就这样在我的紧张、徘徊、较劲中，高三一年过得很快，时间好像一个月一般转瞬即逝，高考终于要来了。

高中时期我担任学校国旗护卫队的圆号乐手。当时老师和父母都反对我学圆号，怕耽误学习，但是我知道钱学森就是出色的圆号手，这并不妨碍他成为我国的航天之父，而且学圆号又是免费的，我为什么不能追求自己的爱好呢？老师免费教圆号，唯一的要求就是要为升旗护卫队服役，直到高考前的最后一个学期结束。这在我看来非但不是一件苦差，反倒无比光荣，穿上圆号手的衣服也让我看上去有了一丝的洋气和帅气的感觉。《义勇军进行曲》《运动员进行曲》是当时最常吹奏的曲目

考试前一天，我的父亲带着我驼背的母亲突然出现在校园里。我那年过半百的双亲脸上写满沧桑，母亲怀里还抱着一个用了几十年的过时的老锡皮壶。显然他们是来给我加油打

气的，可当时的我少不更事，更加在意周围人的眼光。我脑子嗡的一下炸开了，脸颊滚烫。我害怕同学们知道那个驼背的女人是我母亲，害怕他们看出我家境贫寒。我在心里埋怨他们怎么找到这里来了，本能地想要躲开，可又害怕伤了父母的心，不得不硬着头皮迎了上去。母亲把锡皮壶递给我，说她杀了家里的一只老母鸡，给我炖了一壶鸡汤。平日里沉默寡言的父亲突然变得婆婆妈妈起来，叮嘱我："马上要高考了，你得好好考，必须考上清华、北大，要不然这辈子就完了……"虽然父亲的本意是想表达对我的关心，可在当时，我觉得这句话犹如千万斤重担般压在了我身上。

清华、北大是中国的最高学府，何尝不是我梦想中的殿堂？能考上固然很好，考不上的话，之前的努力就要付诸东流了吗？以我平时的成绩，考上重点本科应该不成问题，但这在父亲眼里是没有意义的。对于考砸了的恐惧，让我丢掉了最后的防线，心底那只被我用尽办法拴住的魔兽窜了出来，它掀起滔天洪水，将我整个人淹没。我拼命地挣扎，但考砸、失败这些字眼重如万钧，牵绊着我坠入深渊。

考前那个晚上，我计划是要好好休息的，怎料躺在宿舍的床上翻来覆去，就是睡不着。越是提醒自己快点入睡，越是清醒。我无比清晰地认识到，失眠对于一名高考考生意味着什么。我害怕失眠，却真的失眠了。直到凌晨四点多，天蒙蒙亮时，我才迷迷糊糊地进入了梦乡。没多久，我被一阵急促的闹铃声惊醒，头晕乎乎的，竟分不清东西南北。室友热心催促："别愣了，该上战场了！"我冲进盥洗室，打了满满一盆凉水，将整个脑袋埋进去，迫使自己清醒一些。

我强打精神进了考场。第一场考语文。试卷发下来，我握着笔的手竟然有些发抖。有些诗句填空，平时都是烂熟于心的，可当时硬是想不起来。我大脑一片空白，心态崩塌，很多题都没有做好。可恨的是，下了考场，那些答案全在脑子里蹦了出来，我懊恼至极！曾期待已久的高考进行了两天，而两天后我已经预感到，自己必将与理想的大学失之交臂。

高考成绩出来后，果不其然，离我心目中的大学相差甚远。我从家里跑了出来，来到平时放牛常去的那片草地上，仰面朝天，思考我的未来——摆在我面前两条路，一是接受现实，直接去普通大学读书；二是放弃这次机会，重新复读。究竟怎样选择才是对的？我的人生第一次如此纠结。直接上学，就意味着与名牌大学永远失之交臂，我实在难以接受，但如果复读，这一年的学费又像一座沉重的大山。

我曾在很长一段时间内对父亲心存怨恨，总觉得如果不是那天父亲施加压力，我一定会比现在考得不知要好多少，说不定就可以读上自己梦想中的大学。父亲向来信奉“棍棒底下出孝子”，他觉得做一个严父就是对孩子好。父亲的严厉确实让我养成了吃苦耐劳的性格，可在人生的关键节点上，他的严厉给我带来了巨大的压力。但是，不管怎么说，他都是希望我能更好不是吗？只不过他的期望值太高。也许，我在他的眼中就应该能考上清华、北大的。

我告诉父亲，我要复读。父亲没有说话。我知道他在考虑什么，便盯着他的眼睛，一字一顿：“我，复读，绝不要你一分钱！”说完，我扭头冲出了家门。我不知道身后的父亲是什么表情，也不关心他是怎么想的，更没有听从父亲的指令站住，我实在不想回头看见他。我终于忤逆了父亲一回，油然产生一种满足和解脱感。在对父亲喊出那些话后，我心里居然变得很轻松，我想我是做了正确的选择。

只是愁云很快又聚集起来，不要父亲的钱，复读费怎么办？该从哪儿来？我收点破烂，倒卖点旧书，赚了些零花钱，但这些无异于杯水车薪。我没有太多的办法，有时干脆什么都不干，回家放放牛，发发呆，思考思考人生。

父亲见我整日闷闷不乐，也想为我出出主意。他将我高考的失利归结为运气不好，跟我商量要不改个名字吧，转转运。我当时迫切地想要摆脱父亲给我的束缚，便说改名字可以，但是要我自己来取。

改个什么名字呢？那时我正在放牛，躺在草地上，仰望着蓝天白云，棉絮般的云朵随风轻轻飘向远方，直到消失在我的视线里。我的思绪也随着云与风，飘向了远方。我想到了毛泽东主席的《忆秦娥·娄山关》：“西风烈，长空雁叫霜晨月。霜晨月，马蹄声碎，喇叭声咽。　雄关漫道真如铁，而今迈步从头越。从头越，苍山如海，残阳如血。”多么气势恢宏的一首词啊，其中的“雄关漫道真如铁，而今迈步从头越”，不正是我当下处境的形象写照吗？

当年，我党在遵义会议上确立了毛主席的领导地位，恢复毛主席的军事指挥权。因敌情未明，上任伊始的毛主席下令攻打四川土城而未果。之后，毛主席当机立断，决定挥师东进，再渡赤水，回贵州攻打战斗力薄弱的黔军。在贵州娄山关，红军又遭遇黔军、川军、滇军、中央军四方力量的围追堵截。面对40万强敌对3万红军这样一个不利局面，中央军委下了决心，火速发起娄山关战斗，揭开了遵义大捷的序幕，赢得了长征以来的第一次巨大胜利，展示了遵义会议的曙光。娄山关一战使红军摆脱了被强敌前堵后追的困境，使红军长征从被动转为主动。毛主席在那样的困境下，仍能保有从容不迫的气度和博大的胸怀，战场点兵，挥斥方遒，相比之下我这点小挫折算得了什么呢？想到这儿，我豁然开朗，论成败人生豪迈，大不了从头再来！我希望自己不要过分在意眼前的得失，将目光放长远些，做个有战略眼光且心胸开阔的人，所以有了这个新名字——廖望。

名字改好了，我也有了直面失败的勇气，然而父亲给的心理阴影还未消退。去复读之前，我向父亲再次强调："我不要你一分钱，你也不要来学校找我，更别再跟我说那些考不上清华、北大就得完蛋的话，你就让我好好读书！我唯一的要求就是，你对我妈要好些，你不要打我妈，否则你打多少次，我回来还你多少次！"就这样，在和父亲的较劲中，我开始了复读的生涯。

长大成人后，我逐渐理解了父亲。他太想让我从土地上走出去，去圆他不能上大学的梦，让儿子通过高考出人头地，彻底改变命运。只怪我当初年轻幼稚，不能理解父亲。如果当时换作是我，在那样一种艰苦的条件下，或许也会做出和父亲同样的决定。只不过，我会选择更加温和的解决方式。现在我有了自己的孩子，我对他们更多的是尊重，尊重他们内心的意愿，在底线范围内放手让他们去成长，自由闯荡自己的人生。我想，这不仅仅是我和父亲的差异，也是我们身处的两个时代的不同。

2.3

人生第一次借钱

与父亲赌气归赌气，我的学费还是没有着落。眼看就要开学了，我收购旧书、卖洗发水挣来的那点钱还远远不够。靠自己挣够学费已经来不及了，我只能先借点钱去上学。

我想到了二舅。他在广东做装修工人，是我们家亲戚里数一数二的有钱人。不过，二舅挣的也都是些辛苦钱。同样是干装修，天亮大家一起出工干活，他的工友到天黑就歇着了，回到宿舍喝点小酒、打打牌，早早上床睡了。二舅却不一样，忙了白天忙晚上，除了吃饭睡觉，就是干装修赚钱。

努力工作的人，总能获得丰厚的回报，所以二舅的收入很可观。他不喜欢抽烟，也很少喝酒，最大的爱好就是存钱。

干活卖力或许是我们的家的传统，在这一点上，我和二舅很像。从前农忙时，我常帮舅舅家干农活，我不叫苦不叫累，比在自己家干活还卖力。二舅虽然很少讲他在外面的事，但他手上的老茧告诉我，他在外打工也很艰辛，我是真心想为他减轻一些负担。可能二舅和舅妈觉得我很懂事，他们都很喜欢我，对我这个外甥也是格外的好。

舅舅还是个有责任心的厚道人。他知道我家条件不好，总想找机会帮帮我们。我至今仍清晰记得，有一天我和妈妈正在田里拔花生，刚从广东回来的二舅来看我们，见我们那样辛苦，就跟我妈说："姐姐，如果孩子们读书有困难要跟我说，我能帮忙。"

我想问二舅借点钱交学费，或许他能同意。但是想到他的钱都是用一个又一个汗珠砸出来的，平日里自己都舍不得花，我心里又有些忐忑不安。人生第一次借钱，我犹豫挣扎了很久，一直纠结应不应该开口，最终我告诉自己，我将来一定能干出番事业，那时加倍还给二舅就是！

那时正值夏忙时节，二舅专程从外地赶回家收稻子，我也来到二舅家帮忙。但这次见二舅，我跟以往有些不一样了，虽然也只是低头干活，绝口不提借钱之事，但却丝毫平复不了紧张胆怯的心情。我害怕向二舅开口，更害怕开口后二舅不借钱给我。二舅见我一直不说话，主动找我闲聊，问我今后有什么打算，我这才找到机会说出要复读的想法。但是借钱的话我依然说不出口，心里怦怦直跳，像做贼一样心虚。当时我觉得世上最难的事就是张口借钱，都说“蜀道难，难于上青天”，我看蜀道再难也没有张口借钱难，即使是自己的至亲也不例外。

二舅见我表情怪怪的，问我怎么了。我憋了半天，终于吐出了那句话：“没钱复读。”二舅二话没说，直接回家给我拿了三千块钱，还问：“你看这些够不够？”我鼻子一酸，眼泪差点就要掉下来，心里长舒了一口气，压着的那块大石头终于放了下来。

我执意给二舅打了欠条，还认真地按上了自己的手印。二舅开始不想要这张欠条，说：“既然是上学的钱，就算给你也是应该的。”但我不肯，我告诉二舅，这是我的责任，我将来是一定要还的。舅舅给我的每一分钱都饱含着他的辛劳，也没有因为我还是个孩子而不把我的想法当回事，更没有因为自己挣钱不易而有任何的犹豫，就这样简单直接地把钱给我了。我也知道，他愿意借钱给我，可能就没想着我能还他。但二舅越是这样云淡风轻，我越是觉得担重千斤。这钱我今后一定要还，这是我对他的责任，更是对自己的承诺。可能从那时起，我就有了自己的做事风格——要求自己做任何事情都要有责任感。

后来，我还向我的姨夫、表哥借过钱。我在外地读书，表哥在外地工作，只有过年回家时我们才能难得地见上一面，所以其实不是很熟。虽然有了一些“经验”，但每次借钱之前我都要进行一番思想斗争，每次都如同第一次一样张不开口。我想尽量把这件事做得自然一些，犹豫纠结半天之后，终于鼓起勇气把电话拨了出去，也要先叙叙近况，然后装作不经意地说一下借钱的事。这样人家不会觉得突兀，纵使不想借也不会特别尴尬。

借钱这件事向来都很尴尬，处理不好还会伤害感情。上大学时，曾有个要好的哥们儿问我借钱，我当时很穷，但是很讲义气，把手上仅有的几百块钱都借给了他。过了一段时间，快要毕业离校了，他又问我借了几百块，之后整个人就消失得无影无踪。这件事对我打击很大，倒不是因为收不回那些钱，而是遭人背叛的滋味着实不舒服。

用金钱试探友情、亲情，会特别真实，也特别残酷。虽然有时会收获意外的感动，但更多的是失望。所以我变得十分谨慎，不轻易借钱给人，因为伤得太深！早些年，我有一个发小见我在迪拜发了点小财，就跑来和我一起干房产。可他来了之后，做得不是很好，当然我在管理上确实也存在一些问题，我们相互之间闹了些不愉快，我便送他回国了。按照事先约定，他如果干得好，机票和签证的费用我出；如若干不够试用期，机票和签证的钱就要还我。他满口答应还钱，可回国之后就再也没有跟我联系了。过了几年，突然有一天，他发消息向我借钱买房，我还以为是他的聊天软件中毒了呢。不过确认过后，发现消息真的是他本人所发，但我还是拒绝了他。因为他已经丧失了信用。虽然我们小时候玩得很好，但那时候玩得好有很多原因，而且大家心智都不成熟，成熟之后发现他不是个讲信用的人，这种人我当然要敬而远之。

当然，对于一些人品可靠、值得信赖的朋友，我依然会慷慨解囊。多年的经历让我深刻体会到，在关键时刻如果能有人拉一把，一生的命运都有可能因此而改变。因此当我有了能力之后，也会尽可能地帮助他人。从 2011 年开始我就有个习惯，每年春节只要回家过年，都会给村里一些条件不好的老人包一个千元红包。在接触到中国最大的民间二手服装再利用公益项目“西部温暖计划”之后，我亲自参与并在当时有着 300 多万用户的原子恋平台上发起社群人士捐款，为西部的孩子送去爱心。

对于那些当年借钱给我的亲人，我心存感恩，向来都信奉滴水之恩当涌泉相报。因为我觉得，人活一世，情比钱重要。挣钱之后，我履行承诺还清了借二舅、姨夫、表哥等所有人的款项，并且每人都多给了一些作为利息。后来，我二舅盖房子时，问我借5万块钱，我掏钱掏得很爽快。还钱时，二舅再三要求我点清楚数目，我数都没数就随手扔到了桌子上。再后来，我姨夫要买车，问我借5万，我也借了，还告诉他有钱就还，没钱就不用还了。2009年我在老家买了套房子，让二舅帮忙看着装修，开始还走走流程、对对账，后来我实在懒得管了，告诉二舅别再找我对账了。退一步讲，像二舅这样对我有大恩的人，即使这十多万装修款全都给他又能如何，所以我还有什么放心不下的。

我在迪拜创业之后，但凡家里的亲戚说要来迪拜，我都肯主动掏钱送他们去英语学校学习。我妹妹、妹夫看到我在迪拜发展得很好，想过去给我帮忙，我说："你们两个都不懂英文，去迪拜可以，但是首先要先练好英语。"我就替他们到英语培训机构报了学习班。我表妹、表弟也想学英语，我就分别把他们送到北京的英语培训机构学习，并帮他们交了学费。我对他们每个人都说："哥哥拿钱给你们读书，你们要好好学习，这个钱将来你们是要还给我的。"虽然后来我都没让他们还钱，但是这句话确实对他们起到了一个激励作用。事实证明，他们都学得很好，到了迪拜之后，他们成了我的左膀右臂，为我的事业提供了很大的帮助。

2.4

复读碰到一位好老师

9月，暑气未消，我踏入平川中学的校门，就此开始了高三复读生活。

这一年，我又当选为班长。和以往不同的是，这一次是被老师任命的。这位老师就是我复课时的班主任谢远谱。谢老师目光深邃，很有亲和力，说话声音不大但很有穿透力。他是全国优秀教师、平川中学的副校长，还是江西省的人大代表。诸多名头加身，谢老师没有一丝高傲，在我的印象中，他脸上经常挂着和蔼的笑容。谢老师常说“任何学生将来都有可能成为重要人物”，更以古训“为人师表肃然起敬，误人子弟男盗女娼”为警句，要求自己在课堂上严格管理人，课后关心人，抓住学生闪光点，多挖掘学生的潜力，多表扬进步学生，鼓励落后的学生。事实上，谢老师也是这么做的。

去报名复读的那天，我的心情很差，脸上挂着一个失败者特有的表情。走到学校门口，我看到赫然矗立的几块大牌子，牌子上张贴着我们那一届的高考红榜，其中有很多曾是我的同学。我顿时灰头土脸，快速逃离，生怕被熟人撞见。到了招生办公室，我第一次见到谢老师，他亲自坐镇招收高考复读生的现场。我低着头，把资料递给谢老师，像个犯错误的学生似的，不敢直视他的眼睛。谢老师看了看我的材料，温和地说："你这么高的成绩，还来复读啊？"他语调和缓，面带微笑，好像要把我心里的寒冰融化掉。我告诉老师，高考结果离心日中的大学相距甚远，所以想复读一年。谢老师觉得我很有志气。他又注意到我有个曾用名，就问我："你原名叫廖德臣是吗？"我点头说是。"那廖德宪是你什么人哪？"我回答："是我堂哥。""你堂哥很厉害噢，他是我送走的毕业生，我没记错的话，他考上的是西安交通大学。"他又问："廖德军又是你什么人啊？"我回答："是我亲哥。""他读书也很厉害噢，你看看哇，你们家人读书都很厉害哦！"复读本不是什么光彩的事，但是被老师这么一说，我脸上就不由自主露出了几个月来都不曾有过的笑容。谢老师又接着说："那你读书肯定也很厉害。这样吧，你来当我们班的班长吧！"我不知道该不该高兴，上一刻我还在幽深的谷底看不见光明，而这一刻竟然阳光灿烂了。

谢老师的“赏识”，让我带着轻松的心态走进了复读班。我的物理成绩本来就很好，现在正好又是谢老师执教的学科，所以我学起来更加卖力，说句不恰当的话，爱屋及乌嘛。谢老师讲课幽默风趣，他喜欢用直白的话讲述那些难解的物理难题，每次讲完还不忘来一句口头禅“……嘎你看看哇”，他那抑扬顿挫的声调总是惹得全班同学哄堂大笑。

谢老师上课，素来以严格和严谨著称，但课下他又是一个肯“纵容”学生的慈父。

在我的高中时代，学校将小说一类的课外书视为学生的大敌，跟游戏机一样被明令禁止。如果哪个同学胆敢把一本小说带到教室，务必要像小偷藏赃物一样找个最隐蔽的地方藏好，否则一旦被老师发现，轻则没收书籍，重则让你传唤家长。不仅如此，平川中学图书馆的规定也十分严格，一天之中只有晚自习前的时间段开放，而且图书馆里的小说、名著等与课本无关的书籍统统禁止阅读，更不准外借。当时我们读故事的来源仅限于几本可怜的作文书和《读者》《青年文摘》之类的杂志。这对我这个迫切渴望了解外面世界的人来说，是远远不够的。

好巧不巧，学校旁边开了一个平川书社，地方虽然不大，但武侠、漫画、言情小说、名人传记、世界名著、励志书、辅导书应有尽有。在这里，只要交上一年的会员费，所有的书都可以尽情租借，这正对我的胃口。那时向舅舅借的学费并没有花完——学校对高考分数高的复读生酌情减免了学费。兜里有钱，心中有火，我的理智一天天崩塌。经过一个星期的思想斗争之后，我终于没能抵抗住诱惑，办了一张会员卡。

我沉浸在书的海洋里，如饥似渴地读着，就像饿牛进了肥美的草场，大口大口地狂嚼着青草。那时候我最喜欢看的是名人传记和武侠小说，尤其对那些出身贫苦的大人物有着格外的好感，因为阅读他们的青少年时代，我仿佛看到了自己的影子，也时常幻想成年之后做出一番大事业，有一个不平凡的人生。要做“大人物”的梦想便从那个时期开始萌芽，成年后我在很多重要人生节点上的选择，也都是源于这个梦想的驱动。

然而我所读的书，在所有老师的眼里都属于“禁书”。我并没有打算挑战老师的权威，只有在宿舍里才会看这些书，还书时也会刻意避开老师的视线，可是有一次还是露出了马脚。那时我刚看完一本古龙的武侠小说，从宿舍出来，因为实在太兴奋了，我将那本书高高抛起又接住，再抛起再接住……我沉浸在小鱼儿的世界里不能自拔。小鱼儿出身复杂，命运坎坷，他干了很多“坏事”，但本质善良，最后还练成了独门绝技。我觉得，我就是小鱼儿！我嘴里嘟囔着小鱼儿的话，把书抛来抛去：“我也许是个看起来的‘小坏蛋’，但其实我从来不做坏事，从不害人，内心善良，游戏人间。别人想要我帮人，我该出手时就出手，谁我也不怕……”一不留神，书“啪”的一声掉在了地上，落在一双大脚前面——是谢老师！我霎时冷静了下来，发胀的脑袋瞬间被紧张的情绪占领。谢老师捡起了书：“《绝代双骄》，这是一本武侠小说啊！”我只好点头说是，当时大脑飞速运转，想着谢老师责问起来该如何应对。但是他很快就把书递给了我，还面带笑容：“吃饭了没有啊？”我本已做好挨训的准备，没想到就这么被轻易放过了，内心的感激可想而知。

在谢老师的眼睛里，我看到了一种信任，高中三年多来，他是给我最多信任的一个人。谢老师越是如此，我越不忍让他失望。事后，我自觉地给自己立下规矩，那些书只能留在晚自习之后看。不过，心里的负罪感消失之后，我看小说反而更加疯狂了。每天下了晚自习，我都迫不及待地冲向宿舍，捧着那些书看得如痴如醉。宿舍熄灯后，我舍不得睡觉，还要打着手电筒躲在被窝里再看上一会儿才肯罢休。为此，我准备了三个充电手电筒，交替“上岗”。这样做的结果，直接导致我的视力很快从近视200度一路狂奔，飚至600度。

在学业的重压下，看小说确实让我缓解了很多压力，我的语文成绩也在短时间内有了飞速的提高。如果当时没有谢老师的“纵容”，我不知道该用什么途径来释放内心的压抑，当然后来也不会写出震惊全校的咏雪诗，那可是七言绝句，没有很好的古汉语文学修养是不可能写出来的。而从长远来看，我当时读的那些小说，又从很正面的角度帮我建立起良好的人生观和价值观。

2005年正值我读大二，那年过年前我刚从外地回到家，就得知了谢老师离世的噩耗。听说他在检查出肝癌晚期之后，仍坚持去学校上课。那时候他觉得生死并不可怕，人总有一死，或轻于鸿毛，或重于泰山，而作为一名人民教师如果不能在讲台上献出最后一份力气，就是对学生的不负责任。在他体力不支、声音嘶哑的时候，最担心的是后排的学生能不能听到自己的声音，就向政教处借来一个大功率手持喊话器，提着喊话器给学生上课。当他虚弱的声音从小小的喊话器中传出时，全班70位学子抽泣成一片……

没能送谢老师最后一程，成了我的终生憾事。每当我想起他，眼里闪现出泪花时，又总能浮现出那个站在讲台上抑扬顿挫地讲出“嘎你看看哇……”的幽默形象。

写本书之际，我在曾经的班级群里发起了追思谢老师的活动，大家都对这位心里只有学生唯独没有自己的老师表示感谢。一个念头从我脑子里冒出——我要在平川中学设立一个以老师名字命名的奖项“谢远谱奖”，以此表达对谢老师的致敬，并向后来的“谢远谱们”致敬。因为谢老师不但是一位良师和益友，呕心沥血为我们传道授业解惑，更是我的贵人。不敢想象，如果没有谢老师的指导点拨，我的人生道路上会是什么样的结局。

2.5

人生就像过山车

2001 年，远在北京的紫禁城举办了一场庆祝申奥成功的演唱会，帕瓦罗蒂、多明戈、卡雷拉斯共同献唱《我的太阳》，“世界三大男高音”在我国声名远播。2002 年，在平川中学的高三复课班上，也出现了“三大男高音”——班里三个男同学轮流坐庄，长期占据第一名的位置，被戏称是“三大男高音”。我因为找回了久违的学习状态，几乎每门成绩都能考第一——英语是垄断的第一，化学、生物也经常考第一，同学们说我是三大男高音之一。

过去的三年，我一心想要得到老师和同学的认可，使出浑身解数，求而不得。经历了一场落败的考试过后，我的人生反而明朗起来，真像那古诗名句说的那样，“山重水复疑无路，柳暗花明又一村”。

然而，我丝毫不敢骄傲自满。复读的那一年，我特别低调，吃饭低着头，走路也低着头。我时刻告诫自己，不要在别人的评价中迷失自己，因为过去的三年来，我总是不自觉地从别人的评价中找寻自己的样子，并已经尝到了这么做的苦果。

自己的样子应该由自己定义，所以我把更多的精力放在自己身上。那时的我，虽然达不到宠辱不惊、安之若素的思想境界，但也深知一个道理——自信的关键在于自强，而自强的关键在于扬长避短。

曾经我因为“矮矬穷”而自卑，长期活在它所带来的阴影中，但是我有没有能力去改变呢？矮和穷是根深蒂固的，以我当下的力量是无法改变的，但是我可以改变一下形象啊，至少让自己看起来不那么矬。从那时起，我开始学会了稍微花点钱来打扮一下自己。从前别人见到我就觉得这就是一个典型的农村娃，现在已经装扮得让自己看上去有点城市气息了。

看过《平凡的世界》的人都知道，书中的孙少平因只能吃得起丙等饭而觉得难堪，总是等所有人都离开后才去拿属于他的两个黑馒头。我也曾跟孙少平一样，被吃饭这件事困扰，每次被同学问起“你怎么吃那么少”或是“怎么光吃饭不吃菜”时，我都窘迫无比。为了避免被人突然“关心”，我一般都会在课堂结束后，留在教室里多待一会儿，做一做作业或者预习一下明天的课程，估算着食堂的人要散尽了再去打饭。这样，即使被同学撞见，他们只会觉得学霸就是学霸，为了学习废寝忘食，还会遗憾地说一句：“你来得太晚了，已经没有什么好的饭菜了。”然后我再轻松地说一句“没关系”。

就是这些小小的改变，让我进入了一种舒适的状态，我变得不再那样拘谨了。当卸下身上的防备之后，我发现班里的同学其实都很可爱。《孟子 · 离娄下》中有一句话：“仁者爱人，有礼者敬人。爱人者，人恒爱之；敬人者，人恒敬之。”受这句话的影响，这一年我找到了当班长的方法——换位思考，体谅他人。方法很简单，也被大家所熟知，但实际操作中很少有人能做到。后来我在做销售的那些年，在任何地方我都是销售冠军，常有人问我，做销售有没有什么秘诀，我就告诉他们，谁都喜欢看到别人为自己努力，做到这一点，任何人都可以是销售冠军。

体谅他人，虽然说得容易，但如果要为此打破原则，做起来就没那么简单了。记得有一天晚自习前，班里有几个比较调皮的学生找到我说：“班长，现在电视上正在播放比基尼选美大赛，你看我们班的电视机能不能打开，就看一个小时，行不行？”如果放在从前，我肯定会铁下脸来告诉他们：坚决不行！但是那天我没有这么做，因为在此之前，全班同学为了冲刺期中考试，已经连续两个月没有休息了，天天补课，上晚自习到很晚，每个人都处在濒临崩溃的边缘。现在期中考试刚刚结束，适当放松一下也并不是不可以。想到这里，我回答他们：“班长同意！但是有一个问题，班主任不同意怎么办？”当我愿意和同学们站在一起的时候，也就得到了大家的信任。大家向我保证，只要我同意开电视，一定会把守好班级教室的各个方向，老师一旦接近，就报警关电视。退一万步讲，万一被老师发现了，他们打死也不会把我卖了。我说：“那好，咱们安排下工作，谁看哪个门，谁看哪个角，大家轮着把风。”同学们一起欢呼：“班长，你真酷！”事实证明，这次“开小差”让全班同学空前团结，精神得到放松，学习效率自然有了提高。

所谓“无心插柳柳成荫”，语文成绩的提高算是我的意外收获。我来自农村，由于教育资源的不均衡，我从小接受的语文教育就是只重视字词句段而忽略了听说读写的训练，而且学校不准看电视，也不准看报纸，我们了解信息的渠道有限，这就造成了我语文基础的薄弱。上了高中，经常不了解成语，看不懂文言文，就连阅读理解也看不大明白，作文写得一塌糊涂，每次考试语文成绩总是在及格线上徘徊。兴趣是最好的老师，这句话一点没错，我在平川书社借阅了大量的小说，其中还包括《资治通鉴》这类的文言文，我通过联系上下文，或者干脆半蒙半猜，竟也都能读懂了。后来我才发现，我的语文成绩直线提升，文言文完全能看懂了，作文写得也还可以，好像有种“腹有诗书气自华”的感觉，连写诗都有灵感了。

写诗的灵感大概源于背诗。我有个习惯，看书时遇到喜欢的诗词，是一定要背下来的。“假作真时真亦假，无为有处有还无”“世事洞明皆学问，人情练达即文章”“机关算尽太聪明，反误了卿卿性命”……曹雪芹的诗词富有哲理，意蕴深长；“独坐池塘如虎踞，绿荫树下养精神。春来我不先开口，哪个虫儿敢作声？”“北国风光，千里冰封，万里雪飘。望长城内外，惟余莽莽；大河上下，顿失滔滔。山舞银蛇，原驰蜡象，欲与天公试比高……俱往矣，数风流人物，还看今朝。”“恰同学少年，风华正茂；书生意气，挥斥方遒。指点江山，激扬文字，粪土当年万户侯。”毛主席的诗词大气磅礴，豪放雄浑，读完令人久久不能平静。

肚子里装了点墨水，便时常效仿古人，作几首小诗直抒胸臆。我写诗原本只是自娱自乐，没曾想一篇随意之作，让我在校园名声大噪。复读的那一年，家乡下了一场大雪，据说是数十年以来最大一场雪。雪实在是一种能够令人快乐的刺激物，那几天大家都像过节一样兴奋。课间时分，校园里到处都是学生的欢声笑语，就连平时学习最刻苦的学生也走出来和大家一起打雪仗、滚雪球。我们在雪地里奔跑、追逐，和雪花一起狂欢，张扬着属于我们的青春。老师们似乎也被这种快乐感染了，经过多方商议，校方决定组织一场以这场雪为主题的诗歌散文大赛，号召全校学生踊跃投稿。

班里的同学都很积极，我当时也作了一首《咏雪》诗，信手写在了课本上。我的前桌，一个热心肠的女孩，在借用我的课本时发现了这首诗。“灵逸仙子下凡尘，纯洁晴朗白乾坤。因怜羞涩藏幽径，欲访唯恐留污痕。”她大声读完，不禁感叹：“哇，写得太好了！这么美的诗你不去投稿，太可惜了！”我把书要了回来，告诉她：“这是我的个人爱好，是写给自己看的，不是拿去争名夺利用的！”

评奖的那天，学校张贴了获奖同学的名单，同学们纷纷跑出去看有没有自己的名字。不一会儿，一个同学神秘兮兮地把头探到我的书桌上：“想不想知道谁得了全校第一名？——是你！”我根本不相信，以为他在骗我，同时也很好奇，就直接跑到校园公示栏前。一望不打紧，只见大红色的榜单上，我的名字赫然在列——一等奖第一名：廖望。参赛作品：七言绝句《咏雪》。“廖望，这下你可出名了，全校第一名，你的诗可是六千名学生中写得最好的！”人群中一名认识我的同学喊道。

我的作品怎么会上榜呢？我想起来了，一定是我的前桌！我找到她寻求确认，她却看着我笑嘻嘻地说：“要不是我帮你投稿，你的才华就被埋没了！说吧，你打算怎么感谢我？”我有点开心，也有点不开心。不开心的是，我的作品本来是自己欣赏用的，并没想投稿；开心的是，居然不小心得了全校第一，实属意外惊喜。

我们班的语文老师是那次大赛的评委之一，当他把我的诗念给全班听了后，全班同学都轰动了。有的同学说我深藏不露，有的同学说我是个全才，能当班长，哪门学科都能考第一，连写古诗都能写到学校散文诗歌大赛第一。面对这样的评价，我一点也不兴奋，反而臊得脸通红。因为在这首诗里藏着我的一个小秘密，我生怕被人看穿。在我心里，它根本不是什么咏雪诗，而是一首情诗。因怜羞涩藏幽径，欲访唯恐留污痕，我借咏雪表达了一种婉约的惆怅，写出了一个人对另一个人虽喜爱却又不敢表白，生怕造次唐突的那种纠结。

青春期的男孩子被异性吸引，这是再正常不过的事情，只不过在当时的环境下，我所有的心事都只能闷在心里。当时我喜欢上了一个女孩，很明显能看出来她也喜欢我。从感性上来讲，我真的很想尝试一下恋爱的滋味，但是我又很怕把这层窗户纸捅破——平川中学禁止高中生谈恋爱，违反规定是要受批评的，我是班长，绝不能这么干。而且我很清楚，我的目标是要冲刺考清华、北大，如果贪图一时的两情相悦，耽误了前程，我会抱恨终生的。好在写诗的风波很快就过去了，我的理智也终于占据了上风，我克制住自己的冲动，将所有的精力都放在了学习上。

我的状态调整得不错，基本上每次考试成绩都能稳定在600分以上，高考前最后一次全市模拟考，我的总分是684分，其中英文148分，理综279分，就连平时最差的数学也考了130多分。市模拟考是很正规的，基本接近高考的难度水平，以当时的成绩。肯定是能考上清华、北大的。

那时我感到，这一年来好像全世界都在帮助我。老师对我宠爱有加，同学也很维护我这个班长，无论是学习还是为人处事上我都是班里的表率。我信心十足地准备好迎接最后的高考，想象着生活会因为这次非凡的考试发生巨大的改变。

可是老天总爱跟人开玩笑，他先把你高高地捧起，然后再重重地摔下。考试第一场我就觉得压力特别大，大到我几乎想要放弃，逃离考场。面对冷门的考题，我又一次崩溃了！我怎么能崩溃呢？我可是老师最为器重的学生，全班同学的骄傲啊，如果不拿下最高的分数，如何对得起他们？况且，为了这场考试，我已经努力了12年，也曾在父亲面前立下过誓言，它对我太重要了，我一定不能考砸！我想到那些爱我的人，给自己打气，可此刻他们竟化作一重重的翻天巨浪向我扑过来，令我窒息。我下意识地提醒自己赶快放空，把思路转回到试卷上来，可是大脑已经不受我的控制，此刻我刻苦积累的那些知识也化成一团泡影，在一瞬间消失殆尽。

遇到不会的难题，本来不是我的问题，因为那一年的考题所有的考生都觉得很难，可我当时就是认定，做不出来就是我的不对！我和自己较劲，每碰到一个难题，都要一直要把它做完，才肯去做下一道。难题磨走了大部分的时间，导致容易的题没有时间去做，到最后我只有胡乱蒙上一个答案，甚至有的题连答案都来不及蒙，留着空白就匆匆交了卷。

我像一个丢了盔甲的士兵，即使最后咬着牙打完了这场战役，但仍然输得一败涂地！2003 年江西省高考重点线只有 512 分，距上一年的 564 分，相差了 50 多分，而在此后的 2004 年又飙升至 596 分，从分数线上就可看出那一年的考题有多么难！我们班的“三大男高音”考得都不理想，反倒平时成绩一般的人考得很好，这正印证了那句话：“欲望就像手中的沙子，你握得越紧，失去的就越多。”

心态的大起大落让我疲惫不堪，我以范仲淹的名言“不以物喜，不以己悲”来勉励自己。终于，我下定决心，不再和自己较劲，接受命运的安排。我平静地填报了志愿，然后像头一年那样，买卖旧书、兜售洗发水。等赚够了车票钱，我便踏上了南下的列车，开启了一段打工生活。

世界人民大团结

第三章

长大成人

3.1

广东走起

20 世纪八九十年代流传着这么一句口号："东西南北中，发财到广东。"1979 年 4 月，改革开放的总设计师邓小平提出了在广东办特区的设想，整个南粤大地顿时卷起一股经济改革狂潮。广东是我国最早引进外资也是最早允许外省农民流入的地区，因此各类外资企业、私营企业如春笋般不断涌现，个个混得风生水起。这里好似黄金遍地，吸引了全国各地为实现致富梦想的人纷纷涌入。

我的二舅和两个表哥就是南下掘金人潮中的一分子，他们早年去广东谋生，因为踏实能干，各自闯出了一片天地，成了我亲戚中经济条件最好的一批人。我填报完高考志愿，学费还没有着落，急切地想要赚钱，便一路南下，去广东投奔我的二舅。

我二舅所在的地方是广东省中山市的东升镇。这里虽说是一个小小的乡镇，但却有着我在兴国县不曾见过的繁华。我和二舅在电话里约好，下了班车后，我去东升大酒店找他。东升大酒店按现在的标准来看也就是三星级宾馆，但对当时的我来说却是那样的金碧辉煌。我站在宾馆门口，有些胆怯，不敢进去，但是为了找舅舅，硬是咬着牙推开了门。宾馆大堂里坐着一位小姐姐，应该是酒店的前台，但当时我不知道她是谁。我小心翼翼地走过去，轻声问："我舅舅在哪儿？"小姐姐笑了起来："谁是你舅舅？"我无比窘迫，报出了舅舅的名字。小姐姐拿出一本册子查了几页，告诉我："这里没有你舅舅的名字。"我还能说什么，只好悻悻地走出了酒店。

下车时的欣喜和兴奋一扫而光，我以为自己就要流落街头了，内心无比沮丧。好在没过多久，舅舅便赶了过来。原来他并不住在东升大酒店，只是这个地标建筑容易找到，在这附近会面较为便捷而已。舅舅住的是很简单的宿舍，后来我意识到，像他这样在外地打工的人，对于吃穿住都不讲究，他们更愿意把钱存下来寄回老家。等攒够一定的数额，就在老家盖一座漂亮的大房子，衣锦还乡。

跟着舅舅干了几天装修后，舅舅就安排我去了隔壁小榄镇的一家塑胶厂打工。舅舅当时正给一个姓魏的工厂采购经理装修房子，便拜托魏经理帮忙寻一份短工的工作。塑胶厂属于供货商，恰好也缺人，老板就顺手卖了魏经理一个人情。

小榄镇距离东升镇不到10公里，骑自行车40分钟便能到达。我刚到一个完全陌生的地方独自闯荡，所以多少还是有些紧张。幸而塑胶厂的人都很好相处，我很快就融入了新环境。

在塑胶厂第一次见到吹塑机时，我还是颇有些震撼的——原来我们日常用的瓶子，坐的椅子，小孩子玩的玩具，都是吹塑机吹出来的。工人只需要把原料倒进去，吹塑机就会自动工作，伴随着“噗——嚓——嘣”的轰鸣声，做好的成品就从机器的另一端“吐”了出来。工人们将成品拉到一边，再由一批人专门拿刀片削去毛边，进行更细致的修剪。之后，合格的产品被整理包装，运出厂房装车。巨大的厂房井然有序，工人和机器配合得十分默契。

我初来乍到，干的都是一些帮人打下手的活儿。分配给我的主要工作是装车、卸车、运料、拉货，闲下来时也帮着其他工友削削成品的毛边。我干活肯下力气，而且有眼力见儿，工厂里的大哥大姐们都很喜欢我。有大姐还打趣说，要给我介绍对象。我说：“算了吧，人家姑娘都看不上我。”因为有一次，工厂的一个湖南妹子指着我说："我才不要他这样的，又矮又土气！"不过，那时候我完全不在意别人怎么评价我，反而每天都开心的不得了。我能自己挣钱了，为什么不开心呢？老板告诉我，干好了每个月有五六百块的工资呢。要知道，同样的活儿在我的家乡最多也只能拿到300块。

我的工作是算工时计薪酬的，只要每天干够一定时间，就能拿到满额的工资，但是我经常主动加班。有些计件拿钱的工人会干到很晚，我便给他们打打下手、帮帮忙。正因为这样，很短时间我就处到了一些要好的工友，他们都愿意带着我这个小孩一块玩。有的工友到周末休息时会带我去镇上的滑冰场滑旱冰，虽然摔了很多次跤，但每次摔倒后我都能滑得比以前更好更远，当我逐渐掌控好脚下的轮滑鞋时，我似乎体验到了飞翔的感觉！那时候我还第一次吃到了肯德基快餐，是有个工友觉得我人很好，主动提出要请我吃顿肯德基，见见世面。我吃完之后，不禁感叹："哇，肯德基太好吃了！世界上竟然还有这么好吃的食物！"2002年手机还不普及的时候，我的很多工友已经用上了手机。还记得当时一个工友跟我炫耀："我的手机可是三星蓝屏翻盖的，是市面上最好的手机！"我当时羡慕得不得了，心想我要是也能用上这么一款手机，那简直酷毙了！

不过那时候说来也很辛苦，干活我虽说从来不怕累，却终究没有逃过挨饿。因为没有钱，我总是吃不饱。那时候我很少吃早饭，因为那边一个面包就要五毛钱。我通常要忍到中午才能吃上一天中的第一顿饭。塑胶厂周围有很多小餐馆，我和工友们都会去那里吃。在小餐馆吃一顿饭要花两块钱，我当时觉得真奢侈，都顶上我在中学时一星期的伙食费了！而晚饭同样也是两块钱，这样一来，每天只是吃饭就要花掉四块钱，我可舍不得。后来我想了一个办法，只需要花一顿饭钱就能吃到两顿饭。在餐馆吃饭买菜需要花钱，但米饭是不限量供应的，于是中午我便疯狂打很多米饭，然后点上一个菜，吃半份留半份，吃完再去打一份米饭，和那半份菜一起打包带回去，晚饭便也有了着落。

住的地方就在塑胶厂，厂房的一侧简单隔出一块区域，就是工人宿舍了。我们睡觉的上下铺和机器之间只隔着一道没有砌到顶的空心墙，机器 24 小时不停歇，所以我们每天睡觉都能听到巨大的轰鸣声。刚开始我有些不习惯，睡梦中偶尔还会被吵醒，也许是干活太累，没过几天竟也能睡得很香了。

8 月的一天，我收到家中来信，说收到了我的大学录取通知书。我顿时没了干劲，就去向老板请辞。大老板是广东本地人，听说我要去上大学，就很开心地用并不流畅的普通话说："靓仔，你好厉害啊，考上大学了。要好好读书，我多算工资给你！"一旁的小老板拿出记事本查了查："你一个月 500 块是吧，干了一个半月多点，还加了点班，给你算多少钱呢？"大老板手一挥说："哎呀，算了，人家要读书，给他 1500 块好了！"我心里一下子涌出了说不出的感激，心想大老板就是大气，这样的人就该干大事挣大钱！大老板的举动给我的人生上了重要的一课：身为企业的老板，要尽可能地帮助那些需要帮助的人，你一个小小的举动可以唤起员工一辈子的感恩，得人心者，方可得天下。

那一年，我用自己挣的钱买了一台我家最现代化的电器——电风扇。我花了 26 块钱买下它，然后从中山市一路背回了家。我妈特别喜欢，因为夏天家里很热，蚊子又多，从前我们都是打蒲扇的，家里第一次用上电风扇，我妈说她觉得好舒服好舒服啊。2007 年我大学毕业之后去深圳工作，又扛回了家里的第一台彩色电视机。那时正值春运高峰，火车站人山人海，人人都在奋力往火车上挤，我硬是在人群中左冲右突，扛着这台彩电上了车。虽然这只是一台花了 200 多块钱买的二手彩电，却给我妈带来了很多欢乐。要知道，在此之前我妈没看过彩电。有了彩电后，她每天在干活之余看看电视剧，听听歌曲，觉得享受极了。看着我妈满脸的笑容，我感到特别欣慰，特别自豪。我默默地立下誓言，将来要挣更多的钱，让她享受更好的生活！

南下打工的这段经历让我体会到，靠劳动获得报酬是一件非常幸福的事情。尤其是能给家人带来快乐时，那种幸福就更加的翻倍。高尔基曾经说过："天才就是劳动，人的天赋就像火花，它可以熄灭，也可以燃烧起来，而逼它燃烧成熊熊大火的方法只有一个，就是劳动再劳动。"我认为，每个认真劳动的人都值得尊敬，也最终都能变得强大。

3.2

我的大学——飞扬吧青春

在大学期间，我读的是心理学专业，主要是因为高考考砸了。考砸并非是我学习成绩不好，而是心理出了问题，所以我觉得要先把心理建设好，内心真正健康、强大了，将来才能真正做大事。后来我的心结确实打开了，其中学习心理学是一部分帮助，更多的是随着时间的推移，自己的眼界逐步拓宽，终于明白高考是怎么一回事，人生是怎么一回事了。

进了一个不怎么牛的大学，就有了一种无所谓的心态——反正我都这样了，还能怎么地嘛！当时好像是破罐子破摔了，不过后来我回头想，其实正是这种无所谓的心态帮了我，让我从和自己较劲的状态中走了出来。

大学期间，我的成绩还可以，在系里男生中总是排名第一，此外还是英语班的班长。我是我们学院里面第一批拿到四六级证书的，那一批就我和一个女生两个人考过了线。那个女生在高中读的是哈尔滨的名牌中学，有非常好的英语基础，而我几乎全靠自学。高中时期的连续两年高考，我都考了英语口语，因为想着万一清华、北大考不上，上一所外国

2004 年，我第一次到北京，与我的偶像毛主席“合影”。在我的少年时代，毛主席对我影响很深。毛主席具有超凡的战略眼光，能够在四面楚歌之际出奇兵战胜敌人，他给在逆境中长大的我带去很多信心和力量。是他激励着我不要拘泥于眼前的困境，放眼未来；是他让我从小立志——人活一世，一定要有一番的大作为；也是他让我爱上了读书写诗。在天安门城楼前瞻仰伟人像，我思索良久，更加坚定了人生要有大作为的想法

语大学也是不错的。一流的外国语大学或是一流大学的外语系都要求英语口语过关，而我每次英语口语成绩都是A+。在高中，我是我们班英语口语最好的，虽然都是同一个老师教，但数我练得最好。当然我练英语也特别努力——首先，我有一套自己的学习方法，即在老师讲课之前预习，待老师讲课时只简单听一遍我便懂了。其次，我这人特爱较真儿，遇到不会的单词，我会读上十遍、二十遍、一百遍，直到把它记住为止。而且读过之后，我还会不断重复，加深记忆。比如，今天读一百遍，记住了，明天我再读五十遍，后天又读，一个月之后我还要回来再读。在我反复的折磨之下，还有哪个单词敢不缴械投降？每一个单词汇集在一起就是句子，每个句子汇聚在一起就是日常交流的语言，所以我的口语语感特别好。

虽然成绩不错，但那时我已经把考试看得很淡了，要考便考，考多少就是多少。经过高考的挫败，已经不把结果太当回事了。

我还记得，在英语四级考试前有个模拟考试，我是踩着考试铃声进了考场的。考着考着，监考老师突然走下讲台，要来收选择题的答题卡。我停笔分辩说："老师，我还没答完题，为什么现在就要收答题卡？"监考老师说："我跟你们说了，提前半小时收答题卡，因为答题卡上只有选择题，你们涂完后交上，再做作文题。”我赶紧辩解说：“可是我的做题习惯是先做作文再做选择题的。”监考老师很不客气地问我：“你没听考试前我是怎么说的，是吧？”我回答她：“我没有听到，我是踩着考试铃声进来的。”监考老师说：“我才不管呢，我哪知道你听没听见？谁叫你踩着考试铃声进来的！”监考老师说完，就很强硬地收了试卷。我当时也很冲动，将试卷卷成了一坨，往地上一扔，赌气离开了教室。

在那次考试中，我的英语考了倒数第一，因为答题卡没有成绩。但是我觉得无所谓啊，那时就是有这种无所谓的心态。这种无所谓其实在一定程度上帮了我，加上后来心智变得成熟，见过越来越多的世面，还有心理学方面的专业学习，让我逐渐打开了心结。我终于明白，在这个世界上没有什么东西是真正放不下的，我们尽量做到最好，得不到也无所谓，不要把结果当成人生的唯一目标，否则就太没有意思了。所谓尽人事以听天命，就是这样。

我刚上大学的时候并没有这样洒脱，一开始我就是个“屌丝”，又矮又穷又矬说的就是我。我长相一般，皮肤黝黑，穿着土气，普通话蹩脚，住着贫困生宿舍，高考之前都没出过我们县城，现在突然来到哈尔滨这么时尚前沿的大城市，就更加彰显出了我的土气。可要命的是，我偏偏自命不凡，认为自己很了不起。我去竞选班长、竞选学生会主席，一个都没有竞选成功，但我仍然觉得自己很牛，老子天下第一嘛。可想而知，那种骨感的现实和内心的狂妄是多么不对等。

因为太过屌丝，整个学院那么多漂亮的女孩子，没有一个愿意屈尊跟我谈恋爱。偏偏那个时候我喜欢上了一个女生，她是我们学院的学生会主席，还是演讲协会的主席。在

2005 年与大学校友。我是大学江西同乡会的会长，他是副会长

我看来，她各方面能力都超强，演讲和辩论更是无人能及，令我十分佩服，自然产生了爱慕之心。为了追求她，我特别地执着，外面下着雨夹雪，我可以站在她宿舍楼下看着她窗户上的灯光，自我陶醉地吟唱《窗外》。可惜人家丝毫不为所动，我心里郁闷，一口气喝下一搪瓷缸 56 度的白酒，直接喝趴在地。第二天起来，才发现被单、全身都是呕吐物，还散发出阵阵恶臭。我被室友好一阵数落，脑袋连麻木带疼了一个星期才缓过劲来。

不过曾经有段时间，我觉得机会好像来了。演讲协会每年都组织十大演讲家比赛，这个活动需要有人赞助。距离大赛没几天了，可他们连一个赞助都没有拉到。那个女孩是演讲协会的主席，因此也是最着急的。她主动找到我，鼓动我说："廖望，我知道你这个人能力挺强，挺有商业头脑的。要不，你帮我们拉拉赞助呗。"因为当时我成立了一个广告中心，专做校园广告，所以她认为我是最有可能帮到她的。我懒洋洋地回答说："可以啊。但是干我们这行是有行规的，我们负责整个活动的赞助，要拿 30% 作为佣金，没有问题吧？"她毫不犹豫地说："没问题！"我又提出要求说："那我也没问题。不过，我帮你拉赞助，你得给我配一个能说会道的小姑娘，当我的秘书。"于是，她回去后真的给我配了学妹作为秘书。我领着秘书出去拉赞助，把她给惊呆了，因为不到三天我就把赞助拉来了。

很多人觉得拉赞助很难，但在我看来一点都不难。当时我只找了一个商家，并且他们当天就定下了合作意向。那是一家驾校，我找到老板，告诉他我们演讲家大赛是我们黑大最有影响力的赛事之一，学校所有的同学，无论是新年级的还是老年级的，都特别爱展示自己的演讲才华。我们这个赛事参加人数有多少，规模有多大，有多少场辩论，多少学校领导会亲自参加，到时候校园各处都是条幅广告，你要冠名的话，你这个驾校就出名了。看到老板好像很感兴趣，我趁机给他算了一笔账说："您看，一个学员的学车费用是2000多块钱，您一场赞助下来，还不得有成百甚至上千个学生去您那儿报名啊？我们学校可是有两三万人呢！一场赞助花不了多少钱，您这是一本万利呢！"驾校老板被我说动了，点头说："可以啊，你把方案给我看一下！"我马上把早已准备好的广告方案拿给他看，他当下拍板，表示愿意赞助。

在我之前，他们拉赞助找谁？都是找蒙牛、伊利、完达山、联想、联通、移动这些大品牌，大品牌其实有很多类似的高校活动可以选择，所以比较不好谈。但是这家驾校不一样，它就开设在我们学校旁边，面向的人群显然就是高校的师生。我之前留意过，他们在学校里面也做了少量广告，但是规模不大；我还研究了驾校招生的收费标准是2000多块钱，能来几个学生学习他就能回本，剩下的便是躺赚；而且我知道，做完这套广告，驾校的品牌形象也会因此得以提升。所以我找他们拉赞助，是非常有底气的。人人都想做好事帮助他人，何况自己还能从中得利，何乐而不为呢？

当时拉赞助我是拿了提成的，后来我都退了回去。有一次上完课，我在路上等到那个心爱的女孩，对她说："这钱你拿回去吧。当时我要你付我这笔钱，因为这是天经地义，是我的劳动所得。现在我还给你，为的是你的面子。因为在我看来，你才是最重要的，我帮你拉这个赞助绝对不是为了钱，而是为了你。"虽然那时候我穷得叮当响，父母没给我一分钱，我都靠自己打工挣钱，靠向亲戚借钱来度日，但就是我这样一个吃了上顿不知道下顿在哪儿的人，都能把钱给她，可想而知我有多在乎她。

演讲协会组织的大赛开始了。我花血本买了一大束鲜花，为她捧场。她是演讲协会主席，开幕式要讲话，我是赞助商，肯定也有资格上台。她讲完话，我捧着鲜花上去送给她，给足了她面子。这件事也成了一件轶事，到现在还有人记得。多年后，我去贵阳参加中国国际大数据产业博览会，见到了我当年的一个校友，他也曾是校园十大演讲家之一。他在贵阳发展得不错，知道我来贵阳，特地请我吃当地最正宗的酸汤鱼。席间，他打趣说："廖望，我就记着当年有这么一回事，你捧着一大束鲜花，上台给我们演讲协会的主席送花，我倒是特别佩服你的勇气和劲头。当时我们演讲协会那么多优秀的演讲家都没能把赞助拉来，你上去一天就把赞助敲定了，是不是？你太厉害了！你是神一般的存在啊！"

经过接二连三的"攻势"，她好像很受感动，我认为我们的关系可以向前推进一步了。记得那是一个下雪天，鹅毛大雪漫天飞舞，路边的树木被点缀得犹如玉树琼枝，我当时心情很好，送她去车站，一路上我们边走边聊。雪越下越大了，我伸手帮她拍了拍肩膀上的雪花，她看我的眼神似乎有点蒙蒙的感觉，我很紧张，鼓起勇气想上去抱她一下，结果，她避开了！我的心瞬间从天堂跌落谷底——原来她还是没有接受我！后来想想，人家不接受我也正常。她是个城市姑娘，长相甜美，气质出众，家境优渥，是学院学生会主席、演讲协会主席，而我，算哪根葱，对不对？

后来我总结得出了一个结论：对于爱情这件事情，一个女人不是你有多爱她，她就会有多爱你，绝对不是的！应该是"你若盛开，彩蝶自来"，首先你自己要足够好，在此基础上再展示你对她的好，她自然就会爱上你。这种爱是有尊严的爱，是人格上平等的爱，是一种心心相印的爱。

我学会慢慢改变自己。比如说原来的打扮过于土气，我就试着穿得更帅气一点，更符合现代化都市风；普通话呢，再练得好一些。那时候，虽然穷是改变不了的，但我可以表现得很有自信、有志向，我可以用上进的心和努力奋斗的状态来增加自己的魅力，慢慢就真的变得有魅力了。后来有一个女孩子很喜欢我，我跟她聊了一下就谈成了，并没有费精力去追求，一切都是那么自然。

说到大学，除了学习和恋爱，我的工作经历绝对是最浓墨重彩的一笔。因为没有学费和生活费，我要想尽一切办法挣钱——做家教、发传单、拉赞助、自己开广告公司、收购迷彩服、卖冰刀，这些生意我都做过，总之，什么挣钱我就干什么。

大一开学军训完，很多同学就把军训时穿的迷彩服扔掉了，实在是很可惜。我觉得这是资源浪费，就说，我来收购吧。我对外喊五块、十块一身，好多同学都愿意卖给我，大二、大三、大四的学长学姐也都想处理，有些甚至都是免费给我的。就这样，我用很少的钱收了很多迷彩服，转手拿到建筑工地上去卖。老板愿意给工人们买这样的衣服，因为它厚实、耐磨；工人们也非常喜欢穿，因为穿上后会有一种特别的自豪感，感觉自己像军人一样，干活也特别卖力。还有一些被我送到了真人 CS 拓展训练中心，那里有彩弹射击，也需要迷彩服，而且消耗量比较大。买二手的要比买新的便宜很多，所以他们也愿意买。当然我也会到一些菜市场、早市，摆个地摊，卖给附近的居民。但是在早市上卖东西有麻烦，就是有些小商小贩会欺负我。比如说，我在他周围摆一个摊子，他就会说，小伙子你别在我这里摆摊，你占我地方了！其实我并没占他们的地方，不过是他们担心我会挡住一些顾客的视线而已，就故意撵我走。我不与他们争论，他们一说，我扛着衣服就走。我那个时候很稚嫩，很要面子，不想跟小贩们硬着脸皮起争执。

冬天来了，我又察觉到一个新的商机——卖冰刀鞋。我的大学在哈尔滨，一个美丽的冰城，这里每个人在冬天都要滑冰。大一新生刚去学校，冬天必然要买一双冰刀鞋，所以我觉得卖冰刀应该是可以挣钱的。于是，我开始收购二手的冰刀鞋，因为大四学生离校时都会把这些又大又重的家伙扔掉或是卖掉，我以 20 块钱一双鞋的价格收购，然后转手 40 或 50 块钱卖掉，轻轻松松就赚了不少钱。后来我发现冰刀的市场需求量非常大，就来到批发市场，直接从批发商那里拿货物，在学校里摆摊卖。冰刀鞋真好卖，我也挣了不少钱，有时候一天能挣到上千块，那段时间我在学校里也算得上是小小的土豪了。

后来我发现，只要善于挖掘商机，赚钱其实并不难。有一天，我正在学校自习室上自习，突然收到一些传单，其中有一些是学校周边的餐馆及化妆品店、理发店的，他们要做广告，就把传单发到了学校的宿舍、自习室里来。我给那些商家打电话，问他们需不需要人发传单，他们说需要，之后我就帮他们发传单。我发传单和别人不一样，每次发完，我都会主动向商家反馈效果，告诉他们发了哪些地方，发了多少份。确实有客户看到传单后，会过来消费，因此商家对我的工作很是满意，久而久之双方便建立起了一种信任。有了信任后，我就能接到比较多的发传单的活儿。后来，单靠我个人的力量已经发不过来了，我便招人成立团队，一起散发传单。

再后来我意识到，商家要进行宣传，可不只有发传单这一条路径，我可以为他们设计多种形式的经营广告。于是，我们扩大事业范围，除了为各大商家在学校里面发传单外，还推出广播广告、贴海报、赞助各种活动，并且参与策划，给他们做各种类型的宣传。由于效果不错，又肯为商家出谋

2005年大学时期我的校园广告中心创业团队。我从那时起就很喜欢穿正装，因为渴望赚钱，所以我比同龄人更想快速融入社会

划策，我和我的团队很受商家欢迎，后来我们的生意越做越大，干脆就成立了一个校园广告中心。

在校园广告中心这里，我们集合了一帮想创业的人，大家一起出谋划策，一起劳动，一起分钱，一起奉献青春的狂热。广告中心在我们的用心经营下，探索出了一套良好的盈利模式。我在毕业时，把它卖给了我的小师弟。广告中心可以说是我第一次创业的雏形，其成功得益于一种自我驱动的力量，这为我今后的工作和创业提供了宝贵的探索经验。

3.3

初露锋芒

我就读的大学采取学分制，学校规定本科生修满学分便可毕业。因为没有学费和生活费，我早早地选修了大量的课程赚取学分。大三结束那年，我已经超额20%修完学分，这就意味着，除去最后的毕业答辩，我已经完成了大学期间所有的学业，最后一年的大学时光我可以自由支配。

2006年6月，刚刚过完22岁生日的我选择只身南下。积攒了22年的力量，终于可以走进社会，一展抱负，我有些兴奋，更有些迫不及待。

读书期间，同学们经常讨论毕业之后去哪儿发展，我的大部分同学都想留在北方，而我却毫不犹豫地去了深圳。我曾经在中山市小榄镇打过暑期工，那时就觉得广东的发展机会很多，而深圳是广东省一颗璀璨的明珠，是改革开放的窗口，经济发展特别有活力，年轻人居多，外资企业也多，所以对我来说十分有吸引力。

到了深圳，我先去找了大姨家的表哥，他在某家银行做柜台职员，那个时候在我们家亲戚里面，他算是发展得比较好的。大学期间我曾向表哥借过钱，他很爽快地帮助了我。表哥听说我要来深圳发展，亲自开着车到罗湖火车站接我，让我非常感动。投奔表哥不至于流落街头，但是工作还得我自己找。

当时网上招聘还不怎么流行，找工作主要是去人才市场。我精心设计了一份简历，做得很有新意，每天跑到人才市场投简历。差不多用了一周时间，找到了一个我比较喜欢的岗位。那是美资企业 LaFrance 在深圳开设的企业，名为历高工厂，我应聘的职位是生产经理兼 PMC（Production Material Control，生产及物料控制）经理助理。那时我只对储备干部、经理助理这一类的职务感兴趣，因为我的目标很明确——用最短的时间，学到最多的东西，然后实现最快的晋升。在我看来，一定要做上经理这样的领导岗位，未来才会有前途，而经理助理是升职为经理最简单最快捷的途径。

简历通过后，接下来的第一轮面试是人力资源面试，面试官觉得我还不错，讲话口齿清晰，充满自信，很有干事的魄力，便通知我去厂里接受经理面试。经理面试竞争还是有些残酷的，我一进门就感觉压力倍增。我和一起面试的其他四个人一起，被人力资源部的人带进了魏经理的办公室。魏经理坐在大大的办公桌后面，给人一种不怒自威的感觉。他快速打量了我们一眼，让我们五个轮番用英文做自我介绍，每人五分钟，讲完就出去，待会儿就告诉我们哪一个人被录用了。虽然同样是本科学历，其他人都是本科毕业，有的工作了一两年，还有的工作了三四年，而我没有工作经验，最多也只能算是还没有拿到毕业证的实习生。可见，无论从哪个方面看，我都不占优势。我很想得到这份工作，便不断给自己加油打气。终于轮到我介绍了，我只讲了三分钟，但是我浑身充满斗志，流露出一股初生牛犊不怕虎的劲头。也许是魏经理看中了我的潜力，他当即拍板，录用了我。

入职之后，我发现魏经理不光看上去厉害，实际上工作能力也很强。LaFrance 在深圳有三家工厂，经营业务比较接近，都在一起办公，但各自有不同的厂房。魏经理主管其中一家工厂，是生产部兼 PMC 经理，手底下管着有七八百号人。我上班没多久，就跟着魏经理一起开早会，与会的很多都是美国人，所有人都全程讲着英文。我是经理助理，自然要帮经理做会议记录，可我坐在旁边，急得直跺脚，因为我听不懂他们在说什么。云里雾里听他们讲了一会儿，我竟然有些想睡觉了。我努力克制自己，装作能听懂的样子，在笔记本上一通乱画。好在魏经理其实也不需要我做什么，他懂英文，每次让我发邮件也都是他先写好内容，我只负责发送。我心里很感谢他，但是什么都做不了的滋味很难受，我决心提升自己，就先从加强英文开始。

上学的时候我的英文虽然很好，但口语纯属是自己练习的中式英语，与实际应用的英语差别很大，所以英语口语就成为我练习的重点。我意识到，不能像从前那样闷头学习了。当时公司给我配了电脑，所以下班之后我一般不离开公司，而是打开电脑，学《新概念英语》《走遍美国》，看美剧、美国电影。我看美剧和别人不一样，别人通常看一遍基本就不会再看第二遍了，我是抱着学习的目的去看的，因此每看到一句台词都跟着读很多遍，每个单词的发音都力图最大程度接近原版发音，直到这个句子能够在我嘴里脱口而出，才会看下一句。如果当时不能做到十分熟练，我便做个笔记，把笔记本揣到兜里，有空就拿出来读一读，反反复复读上十遍、二十遍、一百遍的时候，再难的句子都能被我攻克。本来基础就不差，再加上高强度的练习，我的英文水平在很短的时间内有了一个飞速的提高。能听懂外国人讲话，我就开始在这个岗位上发光发热了。

魏经理在管理岗位上干了很多年，当时他很想腾出一部分精力来做一些更重要的事情。他见我很努力，是个可造之才，便逐渐放手，将很多事情交给我去做。我也不负所望，确实帮他撑起了很多事，起到了经理助理该起的作用。别看我当时年纪小，只有 22 岁，但我在管理上很有魄力。七八百人的生产部，光部门主管就有七八个，主管下面还有副主管和组长，每个主管管一百多号人，他们中有的是 30 多岁，有的已经 40 多了，相当一部分是在主管岗位上干了很多年的。我一个毛头小伙儿给他们开会，下达工作指令，要让他们完全配合确实有些难度。不过这些主管都很服我，一方面是我说话做事都比较得体，另一方面是狐假虎威，我是代表魏经理和他们讲话，所以他们不会给我出什么难题。

生产线的情况又不一样。我去到车间检查工作纪律，刚开始工人们根本不买我的账，不过没过多久，他们都很怕我了。我去生产线，别管刚才多么吵闹，我一到场，车间马上变得鸦雀无声。他们给我取了个外号叫“一阵风”，因为我时常来得无影无踪。我一来，他们就说：“一阵风来了！赶紧别说话！”他们害怕说话被我发现，是因为如果哪个班工作纪律不好，我会提出来批评，批评不听便上报主管，屡次不改再上报经理。提多了经理就有了动作，动作下来主管便受不了，工人们自然也受不了，这样他们就必须得好好工作，不敢再讲闲话。工作纪律好了，效率随之有了提升，生产不良率也在这些管理细节中得以降低。

我干了差不多一年的时候，魏经理辞职了。之后我直接找到魏经理的顶头上司，他是管着三个工厂的制造经理，往上直接向美国的总裁汇报工作，往下指挥调动 2000 多人的工作生产，级别很高。我找到制造经理，向他毛遂自荐说："您看我这方面有经验，我知道怎么样把整个 PMC 部门做得更好，让生产流程更加优化，尤其是我们的 PMC 部门，还有很多这样那样的问题，我可以制造出一套类似 ERP 这样的软件来解决这个问题。用软件管理工作流程更加标准化、规范化，还可以帮助提高生产效率，降低不良率，提高订单交付的时效，满足客户的需求……"制造经理听得两眼放光，对我表示赞赏说："小伙子，可以啊！以前你帮着魏经理干事，我就觉得你干得不错，但没想到你还挺有想法！这样吧，你就把 PMC 部门管理下来，做 PMC 的主管兼生产经理助理吧！"我很高兴，立马表态说："可以，这事我能干！厂里需要我做好这些事情，我也必须当好这个主管！"

PMC 是一个调度部门，是负责整个工厂的物料采购、

2007年在美国LaFrance集团深圳公司工作时的我（前排左一）。当时由集团的人力总监牵头成立了环境改进小组，旨在提高员工的办公舒适度，照片上的就是这个小组的成员，我们都是从各个部门抽调出来的部门负责人

每日生产订单的具体安排以及订单跟踪的职能部门，它前期要对接市场部，后期要对所有产品的及时交货负责。说白了就是，工厂生产线的工人今天生产什么，明天生产什么，要不要加班，加班赶哪批货，都是这个部门说了算，物料够不够也是这个部门说了算，它相当于生产部门的中枢系统。没有这个系统，整个生产工作就得瘫痪。PMC的部门主管是在经理之下负责具体事务的，在我来之前其实有一个部门主

管，后来他辞职走了，职位一直空着，直接由魏经理代管。过去的一年中，魏经理把很多具体事务交给我来管理，我跟生产部门打交道，跟 PMC 事业部门也打交道，并且还能接触到工厂一线的生产，所以从各方面来讲，我是能够胜任这个 PMC 部门主管的。

然而，我毛遂自荐的成功与我做事积极主动不无相关。那时候我上班的地方是在公司总部，从一层到四层都是工厂，五层往上是办公室，所有的管理人员都在那里办公。我经常有事没事就上楼找领导主动对焦，谈谈我的想法，汇报近期工作中发现的问题，并提出解决这些问题的思路和方案。能够先人一步发现问题，而我提出的问题正是公司亟待解决的，领导自然对我刮目相看，所以一旦机会来临，我必然会得到重用。当然，我也为自己的升职加薪找了一个比较好的理由，如果我直接提出想要晋升主管，不一定能够心随所愿。因为那个部门有七八百号人，可选之人有很多，领导完全可以提拔一个工作经验更丰富的人，也可以从其他部门调一个主管过来，无论怎么选都不会轮到我一个初出茅庐的毛头小子。但是我找准了领导的痛点，我说能帮助他解决问题，那么，他不选我选谁呢？

我做 PMC 主管后，也遇到过一些麻烦。《孙子兵法》中说，攻心为上，攻城为下；心胜为上，兵胜为下。确实如此，攻城容易，攻心难。不谦虚地说，我的工作干得还是很不错的，绝大多数人对我心服口服，但有一个人我无论用什么办法都搞不定。这个人来工厂有三年了，是中南大学毕业的高才生，无论是资历还是学历，他都是众人眼里主管的人选之一。但是魏经理离开之前并没有提拔他，制造经理也没有给他升职。在我看来，我和他最大的不同在于，我没有资历，却有魄力，我能管人，也敢管人，所以才被破格提拔了。

主管的位置原本有可能是他的，现在变成了我的，他心里有很大落差，这就导致我安排所有的工作都很顺利，唯独到了他这儿总是磕磕绊绊的。公平地说，他干事能力确实是一流的，但总是和我顶撞。他可能觉得我是故意给他穿小鞋，多给他安排工作，但其实我当时就是一个毛头小子，根本没那么多的歪心眼儿，直到现在我也没什么歪心眼儿，因为打根儿上我就不是那样的人。因为他对我有所误解，我的计划经常被打乱，原本安排给他的工作只能再安排给其他人，工作效率大打折扣。我尝试过很多方法和他沟通，但收效甚微，他心里对我始终存有怨气。后来，我不得不找到制造经理反映情况，说这个人能干事，但是不适合在我这里。制造经理就把他调到了别的部门，我这儿才终于太平了下来。

做了一段时间的 PMC 主管后，我决定离职。魏经理走了之后，公司新调来一个经理，他从前也是魏经理的助理，现在顶替了魏经理的空缺，所以从他身上我看到了我的未来。我问过他的薪资，大概是 7000 的样子，而之前魏经理的薪酬也只有 8000 块。我觉得如果我和他们一样熬下去，做个三五年，将来无非也就是每月 8000 块钱，我认为将来我的收入应该比这高很多。

我想选择一份薪水更高，更有发展前景的事业来做。有人说我的野心很大，的确是这样，我想成功的愿望比很多人都强烈，这就注定我无法在一份稳定的工作上混吃等死，我喜欢不断地向人生发起挑战。

3.4

探索更适合自己的道路

寻找下一份工作的时候，我瞄准了能源领域，因为我的目标很明确——什么挣钱我就干什么。

2007 年，能源和房产行业如日中天，涌现出很多时势造就的有钱人。我看到了这一点，就着重在这两个行业中寻找机会。有一家东莞的能源公司通知我去面试，我去了一下，感觉非常好。当时对那家公司的感觉是，除了有钱还是有钱！我面试的地方是在香江边上的一座大别墅里，刚一进去我就被震撼到了——别墅不仅占地广阔，建筑恢宏，里面还有好多我叫不出名字来的树和花，煞是好看，绿茸茸的草坪随地面高低起伏，远看柔如丝绒，近看纯净碧绿，草坪中央有一个湖，湖里养了很多漂亮的金鱼……在我眼里，它就像我梦中都不曾到过的地方，其豪华程度只能用震撼来形容。

面试的过程比较顺利。人力资源部的人跟我聊完之后，又让我写了一篇关于企业宣传的文章。我抖擞精神，把文章写得很是漂亮。面试官觉得我是个人才，直接把我推荐给他们家的少东家。少东家的办公室豪华大气，人也气场强大，一张嘴就霸气侧漏。当然我也不怯场，和他很是聊得来。就这样一来二去，我得到了这个工作机会。

公司把我当成将来的骨干来培养，让我把各个业务部门都要熟悉一遍。公司有能源部、船务部、码头建设部，还有公关部，一圈了解下来，我发现公司的体量很大。不说别的，光是船务部门就有好几艘万吨级的轮船，有 6 万吨级的，还有 10 万吨级的。当时我是很兴奋的，觉得这家公司是选对了。因为无论是做船运还是做码头都是很大的业务，以 6 万吨级的轮船而论，一吨就算挣一块钱，那就是 6 万块，如果挣十块钱就是 60 万了，这个数目对我这种屌丝来说已经相当可观了，所以我觉得在这里很有发展前途。而且我还听说大老板是个十分有魄力的人，这个公司原本是国有的能源公司，大老板当时负责管理，当国有企业改为私有之后，大老板很有勇气，接盘了整个公司，并越做越大。选对了行业，跟对了人，我觉得我在这里前途无量。

在大别墅工作，我深深地感受到了土豪的气息。老板在别墅请客，他的朋友开车过来，停车场基本上全是豪车，什么劳斯莱斯、宾利，每一辆车都是动辄几百万、上千万的。他们告诉我，院子里那些好看的树都是移植来的，一棵就要几十万块。什么叫贫穷限制了我的想象力，那时候就是这种感觉。

我除了工作，吃住也都是在大别墅里边，没有交通的烦恼，也无须为下一顿饭担忧，日子过得很是惬意。我们有专门聘请的大厨，做饭不但味道好，还很讲究营养搭配，每顿饭一定有肉，有汤，有青菜，青菜一定是最新鲜的，甲鱼之类的名贵菜肴也是桌上常品。大老板是广东本地人，东莞市政协委员，特别有亲和力，经常和员工在一个饭桌上吃饭，席间和大家一起谈天说地。

大老板普通话讲得不好，他要我学好广东话，方便和他交流。学广东话我用了一个半月，大概能听懂95%，讲出六七成来。我认为所有的语言都不难学，就看你是否肯花心思。我的方法就是不停地折腾自己的大脑，首先不能让自己苦哈哈地学，得找些乐趣。那时候我发现有些港剧特别好看，讲的都是粤语，而且看了会上瘾。我下载了一部港剧《岁月风云》，像之前学英语那样一集集地看。我跟着电视里的角色一起读台词，每句话都读上几遍，如果哪句话实在难懂，我就停在那里不动，然后抄到笔记本上，回头念上个几十遍上百遍。一部电视剧看完，我把每一个演员讲的每一句台词都记住了，很快我的粤语水平就突飞猛进。

除了熟悉公司业务、学学语言，我还会帮公司写写材料，准备一些报告。当时公司要新建一个码头，需要做一些可行性的规划，上报给省长、省委书记和国家发改委，我帮着做了一部分这方面的工作。虽然工作相对清闲，但我认真对待每一次做事的机会，后来公司就把我派到业务线上实习，让我深入公司业务，打算全面培养我。

我做事积极主动，肯动脑筋，也肯卖力气，在同事之间口碑不错，如果长久干下去，一定能有不错的发展。毕竟这里机会很多，也有适合我发挥的舞台，但是后来因为一件小事把事情搞砸了。我当时涉世不深，不懂人情世故，在人际关系上出了问题。

那是一个周末，我的高中同学来东莞办事，他联系上我说要见面聚聚。我当时有事走不开，便邀请他来公司小坐。公司有个美女，人长得漂亮，跟随大老板做事很多年，是大老板的得力助手。她看见我带同学来别墅，非常不开心，当面说了我几句，这让我有些没面子，多少也有些不服气，便顶撞了回去。她抓住我的这个把柄，新账老账一起算，向老板投诉了。后来老板找我谈话，说我不是很适合这份工作。老板讲话很客气，也很有礼貌，充分展现了他的涵养，我一听也就明白了他的意思。

丢了工作之后，我自己也进行了反省，觉得自己确实有些鲁莽。当时我只认为我和美女同样都是助理，她管我，我就是不服，但是我没有意识到工作中除了能力之外，还需要一些别的东西，比如察言观色、知晓规矩。大别墅既是办公区，也是私人住宅区，里面会有很多隐私之处，轻易带陌生人进来，确实很不合适。

以前总把曹雪芹的话“世事洞明皆学问，人情练达即文章”挂在嘴边，但在实际工作中却丢了分寸，这是这份工作带给我的教训。但从另一方面来看，我也更加懂得自己——我确实很难做到曲意逢迎、世故圆滑。

马上要到年底了，并非是找工作的好时机。我琢磨着，要不就去考取个机动车驾驶证吧。之前老板说过让我去考驾驶证，以便将来更好地帮他做事，无奈时间仓促，还没来得及学就丢了工作，但是他的话我记在了心里。

当时，在东莞的驾校学习并考取机动车驾驶证要3000多块钱，相当于我一个月的工资了。我查了一下全国最便宜、最容易考过的地方是贵州，便一路杀向贵阳。

《圣经》里说：“当上帝关了这一扇门，一定会为你打开另一扇窗。”我在驾校学开车的时候，接到了足以改变我人生道路的一个电话。打电话的人叫郑太松，是我哥的同学，他在山之田模型公司做总经理。山之田想要在迪拜开设分公司，郑总问我愿不愿意去。我当时压根不知道有迪拜这么一个城市，但是听说有机会出国，我毫不犹豫地答应下来：“去，只要是国外，非洲我都去！”

The Camel Company

第四章

转战迪拜

——从睡楼梯走道崛起

4.1

绝处逢生，疯狂面试之战绩赫赫（1）

我一直都有想出国的想法，一方面是想见识更大的世界，另一方面是因为我英语好，在国外发展更具有竞争优势。

山之田模型公司的总经理郑总之所以找到我，首先因为我们是知根知底的同乡，他是我哥的同学，他的妹妹和我又是同学，他的老板也就是他的堂哥跟我的表哥还是同学，就是前面所说的那位我来深圳当初投奔的表哥，而山之田第一家工厂的厂址也是我表哥帮忙找的，所以这千丝万缕的联系，让我们之间有着一种天然的信任。再者，我在家乡也算得上小有名气，因为我学习好，尤其是英文比较出众，为人踏实，肯干能吃苦，在田里干农活从来不怕脏也不怕累，踩打谷机的速度一个顶俩。还有就是，他知道我比较缺钱，我在深圳打工时，大学女友来找我，钱不够花时我问他借过钱。他当时还打趣我说:“你这女朋友是挺漂亮的,怎么钱又不够花了,是不是维护成本比较高啊?”人在缺钱的时候,是比较能豁得出去干事的。所以从各个方面来看,我都是他的最佳人选。

那时候我确实也需要这么一个机会,因为家里实在太穷。我们那里家家户户都有摩托车,而我们家的摩托车特别老,特别丑,只要谁骑上它都会被人瞧不起。过年的时候,我骑着这辆老掉牙的摩托车去置办年货,半路上抛锚了,我推着它走了好几公里才回到家。我当时觉得特别丢人,于是挣钱的欲望就更加强烈了。所以当这个机会到来的时候,我自然是二话不说就点头答应了。

不过迪拜在哪儿,它是一个什么样的城市,我完全没有概念。后来上网一搜,发现这个地方原来那么有活力——网上说全世界 40% 的起重机都在那里作业,摩天大楼一栋栋崛起,楼的设计也是鬼斧神工,什么会跳舞的楼、火焰楼、旋转大楼、扭曲大楼、世界最高楼,世界上各种顶级的、奢侈的、豪华的商品应有尽有。当时我很是兴奋,因为觉得这个城市好像遍地都是黄金。或许山之田公司的老板也是这样认为的,所以他要在那里开一家分公司。

过完春节,也就是 2008 年初,我先去了山之田的总部熟悉业务，两个月后被派去了迪拜。当时我们一行去了三个人，一个迪拜公司的总经理，一个市场总监，还有一个市场经理，就是我。身为分公司的市场经理，我负责开拓市场，其实我感觉自己更像是销售经理，因为市场经理在我看来是做品牌宣传，而我的工作内容是跑业务。不过随便他们管我叫什么，我当时想，我把他们安排的业务努力做漂亮就对了。

不幸的是，我们到了迪拜刚刚两个月，我摩拳擦掌，还没来得及大展身手，公司上层就决定撤资回国。一是老板觉得迪拜这个市场太小了，和中国庞大的市场相比可以说是微不足道；另外一个更重要原因是，他可能是感觉到金融危机要来了。果不其然，几个月之后，金融危机真的来了！后来我看懂了形势，对老板由衷佩服，因为他看市场的眼光精准，所以说成功之人必有过人之处。

然而，当时我对公司的这个决定难以接受，我正在寻找厂房，思索着如何与客户洽谈，听到这个消息，心都凉了半截。我跟老板说："你们不用撤回去，我可以好好做，为公司跑很多单！"但是老板坚持不改变策略。我见事态已经不可逆转，不由脑袋晕乎乎的，不知该何去何从，人生似乎又进入了一个不可预测的黑洞。但即使是黑洞我也要闯一闯，

2008年刚到迪拜时的我。那时一脸的稚嫩，对未来一无所知，更没有想到我的人生将要在这里发生翻天覆地的变化

当一个逃跑的士兵不是我的性格。

仔细思考过后，我做出了勇敢的决定——死了也要留下来！因为我很清楚，回国后公司用不上我，他们不需要用懂英文的人；即使他们用我，也不会给我多高的薪水。山之田在国内每月只需要付3000块钱就可以用到像我这样的人，而在迪拜给我开的工资是每月6000块钱。6000在迪拜并不算高，后来我去面试的很多公司都给到了每月1万块钱以上的底薪。

我拿着刚发的6000块人民币和一张透支信用卡，站在迪拜的大街上，恐慌、窘迫、不安统统向我袭来。在这个陌生的国度，我举目无亲，接下来要住在哪儿，做什么工作，我毫无头绪。现实很残酷，我没有太多的时间迷茫，必须尽快行动起来。

我把简历做得很吸引人，开头第一句话就用大号彩色艺术字体写下："The person you are looking for." 我打开当地最大的媒体 Gulf News（海湾日报）的招聘板块，将上面 HR 的邮箱挨个收集进 EXCEL 表格，然后群发邮件，发送过去，一发就是几百份、上千份。简历发得越多，当然机会越多，看来我的大数据思维不错，很早就开始实操大数据玩法了。

虽然我想到了会有面试约见，但我没想到来得这么汹涌澎湃，各种机会像约定好了一般，纷纷排着队找上我。那段时间我天天都在面试，最多的时候一天跑了五家公司。疲惫之余，我调侃自己有种人气明星赶场演出的架势。

几场下来，喜忧参半，生活由不得半点刻意的逃避和偷懒，要想有好的收获，必须要有更多的付出。思索过后，我根据自己的求职意向和面试经验重新包装简历，继续勇猛地向地产公司进发，向市场经理和销售经理的职务投出一份份期待！

在一家公司，给我面试的是一个菲律宾女孩，没想到面试第一项内容居然是考数学！这次数学我考得特别晕，加减乘除的英文全靠蒙，一些答案改了多次，最多的有四次。当我很谦卑地说数学做得很 messy 的时候，她居然说 quite good！数学之后还要考语法、考 EXCEL 高阶、考文笔，可能真的是运气来了，我考得都还不错。最后，她给我一个水晶地球仪样的装饰品，要我现场销售。天哪，题目来得太快了，我该如何应对是好？再说那个水晶球实在是不怎么漂亮呀，要怎么卖呢？为了给自己争取点时间，我故意问她："请问这是个建筑吗？要我现在就卖吗？"趁她回答的空档，我大脑飞速运转，已经构思好了"销售"策略："It's made of crystal, 100% pure, very shine... When you put this on your window, every morning when you are awake, you can see the sun light shine down to the window, and reflect gorgeously by the crystal, very attractive, you fell everyday so charming, you can fell you are always in charge of the world, you can control everything... Life is so fabulous!"大意是说，这个球的材质是水晶，它非常纯净、耀眼。如果把它放在你的窗前，每天早上醒来的时候，你会看到洒落窗边的晨光通过水晶球的映射，散发出令人炫目的光芒。它会让你感到每一天都充满魅力，你能够掌控所有的事情，甚至全世界！生活就是这样美好！菲律宾女孩听得两眼放光，最后告诉我，我被录用了，底薪 8000 元人民币，提成30%，自己搞定签证。

面试成功，光底薪就8000元，我心情很好，开着租来的车，跟着车里的摇滚广播一起嘶吼，充满信心地奔赴下一场面试。

这次接待我的是一个阿拉伯本地人，办公室挂着一件球衣，是球王贝利的！我马上用阿拉伯语跟他问好，并称赞他的球衣。他一高兴，就跟我讲起了他给贝利开发房产的故事，似乎我天生就适合跟阿拉伯打交道。他问我单身吗?我说："Absolutely single！这就是我为什么要奋斗的原因，我要为我将来的家庭奋斗，相信您这么年轻的时候也肯定有跟我一样的奋斗动力！"他开心一笑，对我的表现十分满意，结果可想而知——底薪1万元人民币，前三个月提成20%，之后50%！待遇基本符合预期，但我不想就此打住，多看几家公司，才能找到最适合自己发展的平台。

Damac Properties（达马克地产）成立于2002年，是迪拜最大的私人房产开发商，在整个迪拜房产业位居第三。那天我去达马克地产公司面试时，还遇到了个戏剧性的小插曲——我进错了门，走错了公司。等到我搞清楚怎么回事后，多聊了几句就被他们硬塞了一个建楼盘模型的单子，可惜的是单子我接不了，因为公司已经撤资不干了。

来到达马克的招聘办公室，等待了许久，面试官却迟迟不肯出现。在我即将失去耐心时，终于来了一个印度帅哥，个子出奇的高，讲话彬彬有礼，只是自信过了头，追着我的家庭和朋友圈问个不停，让我感到很不自在。难道公司招聘关注的不应该是我的个人能力吗？王侯将相宁有种乎！如果他是一个中国人，我肯定会用这句话回复他。面试就这样在平淡无奇、彬彬有礼的氛围中结束了，我也知道我应该跟达马克说再见了。

人生就是这样，当你无助时，机会可能会悄然出现在你身边，而当你信心满满时，可能紧随其后的却是失败的敲门声。“你永远无法知道下一颗巧克力的味道。”在驶离达马克的路上我想起了这句话，但我至少要为下一颗巧克力的到来做足准备，不是吗？总结完这次面试的经验教训，我还要打起十二分的精神应对接下来的面试。

我后来去的是一家美国人开的房产销售公司。这次我的努力得到了眷顾，面试我的总经理一脸春风得意，也许是刚刚卖出去好多楼盘。于是，我暗自热情地响应他的心情，表现出自己的斗志和信心。忽然，我被他后面一张疑似玛丽莲·梦露的照片吸引，两眼死死地盯着看：“Oh, my god! Oh, my god! Who’s that girl, your wife? Gorgeously!

Super star!”只见总经理笑得跟个孩子一样，介绍说那个是他的女儿。最终，他愉快地给我开了个职位：销售经理——底薪 1 万元人民币，提成 25%。如果我愿意每月从工资中扣除 2000，公司还会给我提供一辆车。只要我考虑好了，给运营总监打电话，马上就能上班。我不着急答应下来，因为后面还有大把的机会在向我挥手。

4.2

绝处逢生，疯狂面试之战绩赫赫（2）

有了一些面试经验的积累，我对自己的定位也就更加清晰准确，面对纷至沓来的面试邀约，我决定开启我的疯狂面试之旅。我认为，通过面试不仅能让我找到最适合自己的公司，而且还能窥探到行业状态，为今后的发展做好顶层设计，寻找最高效的路径实现自己的目标。在那段疯狂的日子里，有个朋友送了我一个称号——“面霸”。

最疯狂的一天，我面试了五个地方——一家消防车、救护车公司，一家中东最大的轴承公司，一家管理咨询公司，一家做建材的贸易公司，最后是一家中国旅游签证及承建公司。有的是什么时候投的简历我都忘了，但是机会来了我都要去试一试。

在去轴承公司面试前，我看过资料，知道它是海湾地区最大的轴承经销商。刚一进公司，我就看到好几个印巴人在忙，市场总监也在忙，他让我等一等。反正闲着也是闲着，知己知彼百战不殆，那我就再多了解一下公司吧。我四处观察了一圈，发现这里并不注重奢华，但是很实际。办公室布置得很窄，很多空间都用来做产品展示了。

墙上挂着的一幅画吸引了我的注意，明明是一双轮滑鞋，却画成了手铐的样子，旁边写着醒目的标语“Fake Bearing is highly risk to life”，可见这家公司把产品的品质和安全看得很重。室内还摆放了很多产品展示板、质量证书、ISO 认证、中东最大的经销商证书等。让我感到有趣的是，其中有相当一部分证书是由中国的公司颁发的。公司组织结构图也对外展示出来，看上去这是一个家族企业，而面试我的人职位排在公司第二位。看完这些我就大概清楚了这家公司的实力，而且有一种很踏实的感觉。

来给我面试的是一个印度人，高个子，二十七八岁的样子，一见面便用中文友好寒暄，说：“你好！”这让我好感倍增。我们越聊越投机，后来他问我单身吗，呵呵，这就是一道送分题，前几天面试房产公司刚被问过同样的问题。我还是那套单身要奋斗的理论，他对我的回答显然很满意。

通过进一步了解，我发现这家轴承公司跟我之前工作过的美资企业产品比较接近，我便重点介绍了那份工作经历，强调我在工业方面的经验，如五金冲压、喷油、丝印、抹油、滴胶、烘烤等，还特别讲了一些难做的产品，比如凯迪拉克的车标，Mizuno、Golf 的标志，引发了对方的共鸣。

最后轴承公司给我开出 1 万元人民币的薪资，前 6 个月是培训期，可以没有销售额压力，一旦成交则能拿到 1% 的提成。能达成这样的结果，我还是很高兴的，不过现在还不是抉择的时候，因为半小时后我还要接受下一场面试。

我应聘的这家管理咨询公司，面试官是一位比利时和叙利亚混血的老人，一张饱经沧桑的脸上写满了人生的阅历。一见面，他便问我中国的属相，我说我是老鼠，一只永远都是饥饿地四处寻找黄金和钻石的老鼠！气氛马上活了起来。老人坦白地告诉我，他的公司目前只有他一个人，打算再找个帮手，他认为我英文好，而且可以帮助他开拓中国的客户，人又非常地 smart，会开车，懂市场，就是他要找的人，但是工资前期不高，只能开到 1.2 万人民币，吃住全都要我自己搞定。其实我对管理咨询很感兴趣，但是目前我最需要的是钱，希望早日通过没日没夜的工作达到快速成为巨富的目标，或许只有房地产市场才有这样的机会。我很保守地告诉他，暂时我不会到他的公司，但是我觉得他是市场营销方面的专家，是我的良师益友，我们可以保持联系，将来有机会一定合作。

接下来面试的是中东最大的中国旅游签证公司。在山之田的那几个月，我发现自己修炼了一套和中国人打交道的法则——声音沉稳成熟，眼神稳定柔和，坐姿大气稳重，谈话有条不紊、含而不露。用上这套法则，很快就能赢得对方的认可。老板想要一个英文好的人为公司做翻译，我只好告诉他，这个工作不是很适合我，我在语言方面没有问题，平时的翻译工作也是可以胜任的，但是我希望我能够帮他独当一面，更多地发挥我市场营销方面的专长。我们谈得很是融洽，老板很欣赏我，在明白我的想法之后，还表现出了极力挽留。他说，老外的公司文化差异太大，建议我不要去，如果我实在不甘心，也可以先去老外的公司看看，两三天或者一个星期不适应就撤，什么时候来他这里，给个电话，月底之前有效。我很感谢这位大哥肯为我留个位置，就告诉他，如果我不能过来，希望他能谅解，同时也希望我们继续保持联系，以后我有问题好向他请教。

最后一家面试完，已经是晚上十点钟了。今天的“战绩”让我心情格外舒畅，再看看自己的西服，全是汗水留下的痕迹，就像是战袍一样，熠熠生辉。

成功在于永不停歇的奋斗，也在于排除诱惑的理性选择。之所以要提到Emaar Properties（伊玛尔地产）的面试，一方面是对这家迪拜最大房地产开发商的致敬，另一方面也是警醒自己不忘初心，抵得住诱惑，方得始终。

在去伊玛尔面试的前一天，由于我面试得太过兴奋，大脑一直无法冷静下来，躺在床上翻来覆去睡不着。到了凌晨三点多，我干脆起来写写日志，整理了一下意向雇佣的公司以及待面试的公司清单。等到四点多，终于有了睡意，可一觉醒来竟然是早上九点一刻了！十点钟就要面试，我匆忙收拾了一下就赶去 Emaar Business Park。

刚一进门，就被热情的巴林前台说我看上去今天很兴奋。我很诧异，她回答："看你的表情和走路的速度判断出来的。"这位巴林小姐真是观察入微。我走路的速度向来很快，以前在美资企业工作时，我走路是出了名的快，他们都管我叫"一阵风"。看着巴林小姐这样友好，我便以同样友好的态度和她多聊了几句。这就像跑业务一样，到了一家公司，无论对什么人都很友好，有利于改善气氛，增加人气，说不定还会有意外的收获。不过令我感到不解的是，那么富有的巴林小姐，居然也喜欢来迪拜，看来这里真是一个好地方。

周围沙发上的人换了好几拨之后，我终于见到了 Himaar

小姐——她肤色较深，眼睛深邃，很有美国黑白混血儿的味道。

面试的开场比较平淡，由于我已经知道了他们要我做的事情并不是我喜欢的，所以期望值并不高。我刚坐好，Himaar 小姐就让我介绍一下我的上家公司。我满怀激情地打算来个抑扬顿挫，可是突然感觉底气不足，我这才意识到今天的早餐还没来得及吃。我拿出上家公司的宣传册递过去，并马上起身准备介绍，她突然打断我："不用介绍，你还是坐着吧，我并不需要了解你们公司的产品。"我意识到自己犯了一个错误，其实应该拿出宣传册让她自己翻看，然后察言观色，了解对方的问话意图，再适时地做出互动的。

Himaar 特别强调地问我，知不知道伊玛尔地产，有没有看过公司的网站。我说大概看过一些，但不是很了解。她问了我很多关于他们公司的问题，比如涉及什么业务，开发什么社区，我回答得不好也不坏，但是中间犯错把 Business Bay 说成了是他们开发的。之后她大概了解了一些我的工作经历，为什么换工作，懂哪几种语言，等等。面试结束前，她问我还有什么问题要问她，我就问我应聘的是一份什么样的工作，她说是 Communication Coordinator，就是负责管理小区的游泳池以保持水质干净、景观完整，并应对小区居民投诉的岗位。她还告诉我，这份工作并不容易，每天都要在现场检查，不经常在办公室。因为我不喜欢这份工作，自然就没有积极回应，只是说了几句“这样很好啊，每天能看看外面的风景，人就不会郁闷”之类的话。末了，我觉得要建立一个尾音效应，于是在她送我出来的时候，我夸赞她长得很像美国人，英文也好，还问她 Himaar 在印度语中是什么意思，并很绅士地给她开了门。

这份工作给出的待遇底薪 2.2 万人民币，每天工作 8 小时，每周五、六休息，一年一个月的假期。公司按照法律规定给员工交社保，如果有家属的话还会帮着搞定妻子、孩子的居住签证。伊玛尔给的待遇是我所面试的公司中给的最高的，让我难以拒绝，工作的状态也是最清闲的，却让我丝毫提不起精神来。

回去之后，我总结出这次面试的败笔：其一，面试的时候要注意双方的互动，多问问对方的想法，让对方参与进来，才不会遭到拒绝。其二,一定要为面试准备出充足的时间。这次面试我迟到了 7 分钟，令我十分自责，再加上没有吃早餐，说话底气不足，并没有展现出比较好的状态。当面试官问到一些棘手的问题时，很容易自乱了阵脚。其三,一定要把主动权掌握在自己的手上，哪怕不喜欢，也要想象成这是我想要的工作，才会有积极的表现。其四，要知道别人真正想要什么。因为对职位不清楚，我表现最多的是做销售或市场经理的一面，其实一开始我就应该问清楚职位，这样才能有的放矢，精确表现，这是面试的纲领所在。

那段时间，我到底面试了多少家公司，自己都数不过来。许多公司纷纷向我伸出橄榄枝，虽然我无须再为找工作犯愁，但是选择哪一家公司，成了另一个让我头疼的问题。

4.3

鱼与熊掌如何取舍

有这么一句话：选择比努力重要！

我拿到了很多offer，却不知道该如何做出选择。给球王贝利开发房产的阿拉伯公司叫我过去签合同，说明天就可以上班，我落荒而逃。选择太多，就是无从选择，我简直烦透了！索性什么都不要想，给自己放一个假。

我拿着泳镜，拖着泳床，一个人来到朱美拉海滩。来这里快三个月了，我还是第一次到楼下的海滩游泳。

中东的海滩真是梦幻，浅蓝浅蓝的海水，清澈见底，踩在脚底的沙子细腻绵软，感觉舒适。我迫不及待地奔向海水中，接受大自然的亲吻。今天的浪很大，一层一层的，在里面游泳特别的惬意。我有时感觉自己就像是一只蚂蚁掉在波浪起伏的水中，特别渺小；有时又感觉自己不仅是只蚂蚁，还是只调皮的蚂蚁，随着壮阔的水波在荡秋千；不一会儿我又成了敢与命运抗争的勇士，死命地游到任何人都不敢去的深处来证明自己的魄力，发泄内心的烦恼！从前我还真没见过那么美丽的海浪，一个浪就是一个山头，一会儿将我推向浪尖，一会儿又把我送去峡谷。我时而躺在潮涨潮落的海水边缘，聆听海浪奏出的琴声，沉浸在海的热吻之中；时而拿着气垫床，游到深处，一半身子陷入泳床里，一半身子漂浮在水上，感受海的涌动和随波逐流的自在。

我紧绷的神经终于放松了下来，长时间以来的郁闷也一扫而光。这时，我突然想家了，想母亲，想妹妹，也想曾经爱过的那个女孩。可叹良辰美景虚设，便纵有千种风情，更与何人说！

不一会儿，我的心思又回到了工作上。或许我真应该先做出舍弃，才能解救自己，否则再这么和自己较劲下去，早晚有一天会崩溃的。

其实，房地产业是我的第一选择，因为它对我来说太具有魅力了。我刚到迪拜的时候，最大的直观感受就是，到处都是房产！在这里，每天都有新奇的大楼在建，城市里最大的巨幅户外广告动用一栋楼来给一家房产公司做宣传。谁最有钱？一目了然！我来这儿的目的，不就是为了赚钱吗？当然是有钱的行业更加吸引我。

在我面试的众多房产企业中，达马克地产是令我最为心仪的，因为它是中东第三大房产开发商，也是第一大私营房产商，实力绝对雄厚。由于是房产开发商，所以楼盘应该比较好卖，这样一来收入就有了保障。而且在大公司工作，可以很快办理信用卡，额度是 6 万到 10 万不等，拿着这笔钱我可以去买车子。车子有了，每个月能省去近 4000 块的租车费，半年后我还可以在稍偏远点的地方买房，工资差不多就等于月供，这样租房的一大笔开销也省去了。有了房子和车子，我就能在这里站稳脚跟，闯出一片天地也是指日可待！达马克的面试我已经通过了三轮，但第四次结果如何，还不得而知。

如果达马克去不了呢？我想到虽然地产行业火爆，但是我初来乍到，唯恐吃不消，不如先熟悉环境、积累人脉，以后再寻找赚钱的机会。这么看来，中国公司是最合适的选择，做旅游签证和承建都是很有前景的，待遇不错，更重要的是还有学习和发展的空间。

阿拉伯的地产代理公司虽然是世界顶级的，但总归是没有保障的。1 万块钱的薪水除去生活开支，也就所剩无几。卖房的提成虽然不低，但我担心自己吃不下这块蛋糕，或许以后有实力了可以考虑。想来想去，还是谢绝了吧。

印度人的轴承公司安排了第二次见面，市场总监的老爸亲自面试。算算他们雇佣印度自己人，只需要开我所要酬劳的一半，恐怕他们不肯花高价钱聘请我。而且轴承我不喜欢，不喜欢的东西就做不好。至于6个月旱涝保收的工资和每个月去远东各国旅游的机会，确实有一定的吸引力，但并不足以说服我。

美国人的地产公司，待遇和提成都比较可观，还能提供车，但是比较死板，永远都是固定的模式，真正有能力的人不适合。而且合同一签就是三年，一旦因故辞职，根据阿联酋法律规定要被禁止工作6个月到一年，想想都觉得可怕！

最大的地产公司伊玛尔地产看来是没有机会了，我有些后悔没有积极表现。毕竟税后2.2万的底薪，小平同志曾说过“稳定压倒一切”，看来我是过于草率了。

太阳西落，海水冲刷在身上，开始有了一丝丝凉意。泛着金光的大海也慢慢退去了光芒，披上了黑色的外衣。刚才还备感亲切的海水，此刻却让我有些心悸。未来何尝不像这片深邃的海洋一般，让我没有安全感？所以，我不敢轻易放弃任何一个到手的机会。

我是向来喜欢挑战、拒绝安逸的，然而在陌生的异国他乡，面临一个巨大的未知，我不知道自己究竟有多大的能量来应对即将到来的一切。想到这儿，我终于看清自己，也看清当下所面临的处境，我逼着自己必须遵从内心意愿做出选择。

最终，我下定决心放手一搏，全力冲击达马克地产。我告诉自己，纵使失败又能如何，大不了从头再来，不敢冲，才是真正的失败！

佛家说：“一念放下，万般自在。”当我做出决定的那一刻，我知道，那个所向披靡的我又回来了。

4.4

金融危机来了

开发商达马克地产的面试前前后后经历了好几轮，足足有一个多月。漫长的煎熬让我险些放弃，好在我咬牙硬挺了下来，一步步过五关斩六将，正式成为这里的一名房产销售。

我没有做房产销售的经验，能拼的只有斗志。我每天拿着中文报纸，对照着上面的广告，给各个老板打电话讲房产投资的故事。一般来说，广告越大，老板就越有钱，我把大广告重点标记，小广告放在后面能凑一个算一个。我不停打电话，不停打电话，打得整个华人区都知道我在达马克上班了。一旦有客户表示出投资意向，我再不停地跟进、拜访。

迪拜的夏天特别热，气温高达 40 摄氏度以上，经常是一出门就是一身汗，我穿着西服打着领带，就像刚从游泳池里爬出来一样。这样去拜访客户，很多人都被我打动了。老城

2008年9月18日，此时我入职达马克不久，与达马克房产的同事一起去看公司开发的楼盘

区批发市场是晚上十点关门，经常这个点我还在那里拜访客户。

卖房子这事心急不来，动不动就是几百万的房产，不可能当天谈了就当天成交。不过电话打多了，拜访的客户多了，总有一定的概率。在达马克工作了一个月的时候，我终于卖出一套260多万迪拉姆的办公室。

对我这个职场小白来说，突然卖出一套价值不菲的房子，激动得不知所措，在办公室里手舞足蹈。我的同事们纷纷向我竖起大拇指说，新人来了就能开单，而且还开这么一大单，确实优秀。我的名字被写到了公司的业绩板上，感觉好自豪。

后来我还谈了一个比较大的单子，那是迪拜最大的人造岛屿——棕榈岛的分包商。我找到了他的电话，沟通之后，他对我们开发的房产很感兴趣，要买半层的办公室。半层办公室的价值是1900多万迪拉姆，相当于人民币3700多万。

当时合同已经做好，意向书也签完了，拿去银行审批，结果银行不放款了。后来我们才知道，美国的雷曼兄弟倒台，金融危机来了！所有的银行收紧银根，停止放款，谈好的这单生意也就黄了。

我失望极了，原本想着成交之后能发点小财，提前实现买房规划，结果计划泡汤了。不过，比这更糟糕的事情还在后面！

在那段时间，每天都有人被叫去总部，去了之后就没再回来。今天，法国的销售走了；明天，意大利的销售走了；后天、大后天，西班牙的和阿拉伯本地的也都走了……偌大一间办公室几乎空了。终于，我也被叫去了总部，人力资源部给了我一封辞退信，说："对不起，公司架构调整，现在不需要你了，感谢你给我们做出的贡献。"我知道金融危机对公司影响很大，但没想到像我这样的

2008年，和达马克房产的同事一起参加公司聚会。那时我的销售能力崭露头角，意气风发，想要在达马克闯下一片天地。没想到，过了没多久金融危机来了，我不但丢了饭碗，还险些流落街头

销售冠军也会被辞掉。那一天，我距离转正还有十一天，卖房的提成还没有拿到手。

来不及惆怅和失落，被辞退后，我走到公司楼下就开起了黑的士。上个月我刚花了 2 万多人民币，买了一辆不知道倒了几手的破三菱，其中有 1.4 万还是问同事借的。失业之后，我口袋里只剩下 40 块人民币和几张借钱的欠条，我必须马上找到一个挣钱的门路，才能保障明天还有饭吃，于是我想到了开黑的士。

我脸上带着微笑，问路人要不要乘坐 taxi。大概是因为长得眉目端庄，看上去还比较可信，所以有人愿意坐我的车。另一方面，迪拜的的士确实特别忙，有时打一辆车要等很久，也给了我这样一个机会。我当时下楼之后，正好碰到一个中国姑娘，她要去富人区，问我要多少钱，我说："我不知道多少钱，我打车过去一般是 25 块钱，你给我 20 就行了。"那个姑娘就上了我的车。

我每天起早贪黑开黑车，生意时好时坏。之前我还能租一个床位，虽然有时候被臭虫咬得很烦，但总不至于露宿街头。但那段时间，我连床位也租不起了，只能睡楼梯走道了。吃的是阿拉伯饼加水，去达马克之前我也是这么吃的，没想到日子又过回去了。

开黑车终归不是一个长远之计，必须得找一份稳定的工作。可我找了一圈没什么结果，好不容易有的公司约我面试，谈完之后却告诉我，你这个人特别优秀，我们很喜欢你，但是很抱歉，现在经济前景不明朗，我们只是在储备人才，如果公司决定继续招人，我们会第一时间通知您的。在这种状态下，我很迷茫，也很恐慌，究竟前方的路在何方，我不清楚。

孤身一人在海外闯荡，举目无亲，兜里没有钱，又丢了工作，我该何去何从？出国前，我曾立下豪言壮志，一定要闯下一片天地，否则无脸回去面见我的父母亲人，可如今竟落得这般境地！如果说我不够努力，活该吃苦受罪，但现实的处境是，我已经非常玩命了，却仍然得不到一个工作机会。走在迪拜的大街上，满眼都是金碧辉煌的建筑和名贵的跑车，可为什么就是这样一个富贵之城，却连一口饭都不肯给我吃？难道真要就此放弃，回国吗？我不甘心，一百个一万个不甘心！在决定留下来的那一刻，我曾说死也要死在这里，现在我更不会做一个向命运投降的逃兵。我发誓，总有一天，我要混出个模样，让这里的楼宇和豪车写上我的名字！

几经思考，我决定还是应该在房产中寻找出路。虽然金融危机来了，但人总归要有房子住啊，别人可以不买房，但租房还是要的吧。可是迪拜几乎所有的房产开发商都不招人了，我只能去房产代理公司寻找机会。为了尽快找到工作，我告诉我所面试的企业，我可以不要工资，只拿提成。终于有一家公司通知我去上班，老板是个女人，有着像妈妈一样的笑容。她看我实在太穷，说："前三个月我给你一个底薪，每月 3000 迪拉姆，三个月之后你就得靠自己的能力拿提成了！"我看公司规模还挺大，就去了这家代理公司上班。

上班一开始，其实我是混工资的，因为我觉得不太可能有房产成交。我还不如继续开黑车，辛苦一点一天还能挣 100 块钱，而在这里多一毛钱都挣不到。上班的时候坐在那里熬时间，下了班就疯狂开黑车。直到有一天我开了一单，挣了 3000 块钱佣金，我的想法就转变了。我只花了一个小时，就挣到了那 3000 块钱，所以我就想，如果我一个小时能挣3000，十个小时是不是能挣3万，我一天上十个小时班，一个月上满 30 天，那就是 90 万，我岂不就是大富翁了！打个一折也了不起啊，还 9 万呢！从那以后，我开始认真对待这份工作了。

之前我确实不敢干，因为金融危机真的很严重，而且我那些同事也都开不了单。我的分行经理是香港人，他带我去总部开会的时候，在车上就跟我说："Leo（我的英文名字）啊，现在是金融危机刚刚开始，还不是最严重的时候，后面会更严重的！我做房产，哪里都做过的，香港我做过，加拿大我做过，美国我也做过，金融危机也见过，你相信我，后面会更麻烦的！我们还是不要在迪拜待着了，做房产市场肯定会越来越差！我过段时间就返回香港喽。"真的没错，大概一个礼拜之后，他果然辞职回了香港。我的分行经理都辞职了，这对我打击有多大！我还敢做吗？

可当开出第一单之后，我突然来了信心。我觉得自己特别了不起，开始像拼命三郎一样工作。我每天从早上八点工作到晚上十一二点，凌晨三四点钟再爬起来发传单。因为迪拜的小区有保安，白天想要四处发传单有些困难，但是凌晨三四点是人困意最浓的时候，每天只有在这个时间段进出大楼是没人管的，所以我就专捡这个时间起来发传单。我打印了很多传单，把空的店铺都贴满，附近住宅楼里挨家挨户都发到，这样一来，整片区域都有我的广告了。

金融危机对迪拜的房产市场冲击特别大，当年的房价下跌了三分之二。直至十多年后的今天，还未回到金融危机之前的水平。我凭借不服输的精神斗志在金融危机中生存了下来，而且做得还不错，不到一年就赚到了人生的第一桶金。

4.5

我把自己送进了拘留所

在中介公司上班混日子的那段时间，我白天上班，晚上开黑车赚外快。直到有一天真的出事了——我出了交通事故！

交警赶到事故现场，让我出示证件。我拿出了国际驾照。交警解释说，因为我的签证是工作签证，而非旅游签证，所以不可以用国际驾照开车，这就等于是无证驾驶，要进拘留所的。这下我才知道，如果是旅游签证，拿国际驾照是可以开车的，但是如果是居住签证，那么就必须换成本地驾照。

听说要进拘留所，我特别恐慌。可能是警匪片看多了，一提到拘留所我就会想到牢房里面有个凶神恶煞的老大，新人进去之后不分青红皂白先把你暴揍一顿，再让你洗厕所，睡觉也是在厕所旁边。但进去之后，我发现迪拜的拘留所非但不恐怖，竟还是个“度假”的好去处！

2008 年，我和我的白色三菱。这辆车在我失业的日子给了我莫大的帮助，却也正是它将我送进了迪拜的拘留所

在外面，我白天上班晚上开黑车，工作累、收入少，吃饭都是捡最便宜的，住宿条件也非常差。最穷的时候我睡过楼梯走道，后来租了个床位，还被床上的臭虫咬得浑身都是包。

在这里，住宿不要钱，还没有臭虫；吃饭一日三餐按时按点，还有专人配送，伙食营养丰富、搭配合理——有虾有肉有青菜，还有鸡蛋、牛奶、水果、布丁。人不需要干活，只要乖乖待着别犯事就好。除了按时吃饭，剩下的就是自己的休闲时间。大家可以一起聊聊天、打打牌、看看书，打发无聊的时光。来迪拜这么久，我还从来没这么放松过，真是想想都觉得好笑。

因为拘留所里关押的人所犯情节相对较轻，而且大部分都是先抓进来，再调查到底有没有犯罪的嫌疑，所以我们相互之间很少起冲突，可以说跟一般世界的人差不多。一部分人进去得有点无奈，比如像我，有的人确实犯了罪，比如说做假护照出境被扣下来了，卖黄片的被抓住了等，反正各种各样的人都有。

拘留所里有很多华人，大部分是卖盗版光碟的，还有卖假货的。他们都不会英语。我英语好，就给他们做翻译，再加上我年纪小，又乐观爱笑，大家都很喜欢我。混熟了之后，有啥事儿他们都愿意照应我。若是因检察官问话而错过了午饭，这些同胞会专门留个鸡腿或者留两个鸡蛋、香蕉什么的给我吃。漂泊在异国他乡，我竟然在牢房里感受到了亲人般的温暖。人都是将心比心的，犯人也有善良的一面，你对他好，他也会对你好。而且我相信，人都有“利他”的一种心理，正常情况下都愿意帮别人一把。

起初我对迪拜的法律一窍不通，也不知道拘留之后可以申请保释，就觉得我犯了错误，警察让我进拘留所，我就得在里边待着。后来跟大家聊天，有人就说：“你这是太小的案子了，干吗不给自己保释呢？”我问：“怎么保释呢？我一没有熟人，二没有律师。”他们说：“傻小子，你直接押本护照就可以走人了！”我不太相信这事这么简单，就去问警察，警察的回复和他们说的一模一样。

在拘留所待了五天之后，我申请了保释，但事情远没结束，我要上交通法庭接受宣判。房产公司的同事建议我请个律师，我一打听，光请律师说个“Good morning”就要万把块钱。公司的老板 Lucy 似乎看我有些前途，打算帮我垫资请律师。找律师聊，他说要收费 3 万人民币。我闻言顿时倒吸一口凉气，还是算了吧，一分钱难倒英雄汉，没钱付不起！

法庭宣判下来了，交两万迪拉姆的罚款就能结案。当时宣判完，法官第一句话就问我有没有钱交罚款。我在保释出来到宣判之间的一个多月内挣了 1 万多迪拉姆，还差几千块。我告诉法官还差点钱，他说：“如果你交不起罚款，那就再回牢房待着吧，坐一天牢减 100 迪拉姆！”资本主义很现实，马上把我送去了中心监狱。

我算了一下，2 万迪拉姆减完我要坐牢 200 天，大半年就没了，这事划不来！好在我的老板见我业绩做得好，人也肯努力，有希望能把钱还上，就借钱帮我交了罚款。事情总算结束了，至此，我前前后后欠下了近 9 万元人民币的债务。

我每天猛劲工作，创下连续工作 16 小时的记录，成交量在公司排名第一，两个半月之后还清了所有的债务。

我的老板 Lucy 特别高兴，拉着我的手说："我没看错人，我把你当儿子一样看待……"她还担心我年轻气盛再犯错误，专门叮嘱公司的保安说："你们要多关照一下我的'儿子'啊！"能得到在世界岛上投资八个岛的公司老板赏识，我甚是春风得意。

一年之后，我开了自己的公司，专程回去感谢 Lucy。我说："妈妈 Lucy，我感谢你对我的帮助，是你在我最无助的时候伸手拉了我一把。没有你，就没有今天的我。虽然我也帮你赚了很多钱，但我仍然要感谢你的恩情。今天我自己开了公司，我第一个想要感谢的人就是你。请你收下这束鲜花和这枚钻戒。另外，我还会给你一张支票，不过什么时候拿要你来选择。如果你现在就要，我会给你 2 万迪拉姆，如果是明年的今天，我会给你 3 万迪拉姆。"妈妈 Lucy 笑得很开心，说："那我明年的这个时候再要吧！"第二年，我如期履行了我的承诺，而且还送了她一个限量版的 LV 包。她看到我的所作所为以及今天的成就，向我竖起了大拇指，说我具有贵族的血统，是她见过最有魅力的中国男人。

这段惨淡的人生经历让我认识到，越是艰难的环境，人的成长速度反而会更快。你要么在荒野中饿死，要么迅速学会捕食猎物，而一旦获得捕食的能力，就没有什么能够轻易打垮你。如果你能在寒冬里面生存，当春天来了，夏天来了，你就能蓬勃生长，长成一棵参天大树。

4.6

金牌销售的黄金秘籍

成为金牌销售之后，很多人向我讨教秘籍，其实哪里有什么秘籍，我的方法只有一个——换位思考。

做销售就是与人打交道，核心关键就是能换位思考。你能站在客户的角度去思考问题，你的客户需要什么，就尽量满足他，那么反过来，他也会尽量满足你的要求，这是最基本的逻辑。这套方法看起来很简单，但能将它时刻实际应用的人并不多。

举个例子，有个客户跟你说，我想找一处房子，要面向公园的风景，楼层要高一点，还要南北通透，更重要的是租金要便宜。这个客户的需求其实有自我矛盾的地方，这么好的房子还要租金便宜，那就比较困难了。一般的销售会直接跟客户说，这种房子就没有便宜的！十有八九都会这样，这等于是直接拒绝了客户。虽然实际上是没有便宜的，但销售这么一说，客户心里会凉了半截。客户会觉得这个销售要么没有能力，要么不愿意给自己解决问题，但不论是哪一个原因，他都不愿意再找这个销售了。

如果这个客户碰到我，我会说，没问题，这样的房源我这里有，我会尽量安排最满意的给你。可能你手上真的没有那么完美的房子，但总有类似的房子。即使你现在一套房源都没有，也没关系，你可以骑驴找马，先答应客户的要求，然后再给房东或者业主打电话，跟你同行调资源，也许能碰到呢？实在碰不到，你可以跟客户解释，你想要的房子我当时是同意帮你找的，我也尽量帮你找了很多天，但是真的很抱歉，有套房子能满足你的要求，但是租金没有您预算的那么低。其实客户经过一段时间的了解，也明白了房子的市场价，可能会提高自己的预算，本来打算拿 1 万的租金，提高至 1.2 万，那么最终你也可以帮他找到合适的房子。

每个客户都有可能是我们将来的一个盈利点，所以自始至终我们都要抓住跟客户联系的机会。如果一开始就轻易否决客户的需求，让客户无法了解你的专业能力，也无法看到你积极主动地帮自己解决问题，那么这个客户资源就丢掉了。

面对房东和业主，同样的方法也是换位思考。不管是哪一个业主，都想把房子卖得或是租得越贵越好，有时候开出的价格可能比市场价高很多，那么你是不是直接告诉业主，你这房子价格高得太离谱了，我不给你卖？肯定不能！在你跟这个业主不熟的情况下，这么说相当于自杀式营销。在业主的眼里，你要么是没能力，卖不出高价钱，要么就是一个特别懒的销售，试都不愿意试一下。在这个意义上，无论是什么样的人，业主都不愿意跟这样的销售接触。房产市场竞争那么激烈，房东可以选择的中介有很多，他的房子凭什么拿给你卖？

在我看来，这样的业主其实很好搞定。业主要什么价，不一定最终卖什么价，就像每个女人都想嫁给高富帅，但是最后能嫁给高富帅的毕竟是少数一样。业主想把房子卖一个高价钱，这是正常心理，但很多业主最后在差不多的情况下就把房子卖掉了。所以这个时候我会告诉他，没问题，我是金牌销售，每个月我都成交好多单，我手里有很多优质的客户，比如一些银行家和大老板，我可以推荐他们买你的房子，他们能出高一点的价格，我给你使劲把房子推出去！业主一听，心里肯定高兴，还觉得你为人踏实靠谱。

与客户接触，也不要只聊生意，可以顺便聊聊别的事情，比如说你平时有什么爱好，爱吃什么东西，你哪里人啊，来迪拜多少年了，喜不喜欢这个环境，等等。大家在更多的层面建立一个共识和链接，这样容易达成信任。你只谈生意，那么只有生意的链接，很容易就把这个关系给断了，但是建立多方面的链接就不容易断。即使生意谈不成，他还愿意跟你交个朋友。而且一旦建立起这种链接，客户就对你有了信任感，有了信任感之后，生意就好谈了。

我们不停地给业主带客户，告诉他这个客户愿意出100万买房，那个客户出99万，反正没有一个能达到150万的要求。久而久之，业主就会把自己的房子和市场上做一个对比，明白自己确实是价钱开高了，最后有可能成交的还是你。因为你做事最积极，首先跟他建立起良好的关系，沟通渠道要保持好，你随时可以给他打电话、发短信、发Facebook，而且由于你们之间建立了信任的链接，他有可能会把钥匙都给了你，那么你就打败了99%的中介。

我在达马克是销售冠军，在Lucy的Group Seven公司也是冠军，自己开公司还是整个迪拜国际城片区房产市场的销售冠军。我就用一个方法——换位思考，既搞定了房源，又搞定了客源，那么我的成交量是不是比别人厉害？

站在客户角度去思考问题，不但要做事积极，敢于付出，而且还要让客户看到你的付出。因为每个人都喜欢看到

2008年与我在Group Seven的英国同事Lee合影。Lee每天都很开心，但有些高傲，在公司他谁都不服，唯独瞧得上的是我这个来自中国的小个子。Lee卖房子，小单不接，最愿意一卖卖一栋楼，在我去之前他就是公司的销售传奇。可金融危机期间，很少再有人一次性买下一栋楼，Lee几乎没了生意，他见我每天都成单，对我十分佩服

别人为自己努力，一旦对方看到你为他努力，他就不会亏待你，这是人之常情。比如说，客户提出某种要求，你有可能半夜11点想到了解决方案，你可以不打电话，但是可以发个短信或者邮件过去，他可能不会回复你，但是能感受到你的努力，这就很好。

我的勤劳和努力感动了一些客户。有一个银行的副总裁，我每次都是凌晨一两点给他回复消息，因为他也有凌晨工作的习惯，后来我们两个

成了惺惺相惜的朋友。

当然，跟客户交流也需要把握分寸，不能操之过急。比方说，业主要价 100 万卖一套房子，你的客户出价 95 万，催得太急就容易让业主涨价，觉得这套房子很火，反而不利于成交。这个时候还要将心比心，站在卖家的角度去思考，应该用什么样的策略，才让他能 95 万成交。

一个房产中介就相当于一个媒婆，你知道这里有个漂亮姑娘，那里有个帅气小伙，你从中间介绍一下，就有可能成全一对美满的婚姻。想要撮合更多的婚姻，就要有更多的小姑娘和小伙子的信息，来满足配对的要求。卖房、租房也是同样，一定要房源多、客源多，才能撮合更多的成交量。所以我们要服务好每一个人，让他们感受到我们的积极，有做事的能量，那么就不缺房源客源，自然就能成交很多单。

4.7

再见，青涩的爱

2009 年底，我赚到了人生的第一桶金，60 万元人民币。我最想做的一件事情，就是回国追回大学时期的女朋友。

那时，距离和她分手已过去两年了。

2007 年的冬天，雪下得特别大，也就是在那个冬天，我们分了手。那时候，她在哈尔滨，我在深圳，当时没有高铁，也坐不起飞机，她从东北到深圳来看我要坐近 40 个小时的火车，而且往返要花掉 800 块钱，所以见一面十分不容易。终于有一天，她在电话里说，我们距离太远了，人都见不到，还是分开吧。我当时特别想回去看她，但苦于口袋里没有钱，终究一抹两行相思泪，千里深情魂断肠。

大学时期的爱情单纯又美好，还记得那时候，我们两个一起上晚自习，一起听同一首歌曲，一起手牵手走遍校园的每一个角落……我想，如果不是距离和金钱的困扰，我们两个是不会分开的。对于她，我是心存愧疚，充满遗憾的，我想弥补这个遗憾，所以在赚到钱之后，第一时间就想到了她。

这两年我从未放弃打听她的消息，知道她在北京的一所大学读研究生。回国之前，我联系了我的大学好友邓兄，让他先帮我探探路，找找她在哪儿。邓兄很给力，把她在哪个系，住哪间宿舍，在哪栋楼上课，有哪几个常去的地方，哪些是她的朋友，查得一清二楚。我用最短的时间处理完手头的工作，订了张机票，飞到北京。

可叹现实远不如电影里那样浪漫，我满怀期待地拨通了她的电话，听到的却是一个冰冷的声音。她不愿意见我，还说隔了这么多年了，已经跟我没什么瓜葛了。我不死心，仍想见她一面，当面解释清楚。

我在学校没有找到她，后来她的研究生同学告诉我说她回老家去了。我记得她的老家在河北省的一个小县城，于是我决定去河北找她。邓兄很够兄弟，陪我一同前去。我们先坐火车到了石家庄，在石家庄我租了辆车。其实租车并不是为了显摆我有钱了，我就是想让她对我重拾信心。

当我们开车来到小县城后，我突然想到，我不知道她的家在哪儿！我后悔当初没问过她，家在哪条街，哪个小区。

2009年河北临城寻找大学时期的爱，一旁停着的是我租来的别克车。因为始终见不到人，我心情苦闷

邓兄也没有打听到任何有效的信息，所以我只能凭着感觉去找。

我想起大学的时候，我们刚谈恋爱没多久，那天外面飘着雪花，我把她送到宿舍楼下，她看着我的眼睛，弯弯的眼睛充满了灵气，微笑着问我："廖望，你喜欢吃肉吗？"我说："必然啊！"她又问："你知道我家是干啥的吗？"我说："干啥的呀？"她笑得很甜，告诉我："你要吃肉，我家有的是！"我心里美滋滋的，问她："你家是干啥的？"她说：“你猜！”我故意逗她：“你爸是屠夫啊！”她想气又想笑，撒娇似的告诉我：“我爸才不是屠夫呢！我家是卖熟食的！”

凭着“卖熟食”这一个线索，我找遍整个县城。好在县城不大，卖熟食的店不多，姓张的就更少，锁定几家，一经打听就找到了。

当时她的父母都在店里，我热情地上前送上礼物，并说明来意。她父母说她没有回来，我说，那我就等她回来，能明显看得出她的父母有些尴尬。我把车停在店门口的路边，坐在车里等她出现，有时见她父母忙不过来了也会进店里帮帮忙。一连四五天，只要店门一开，我们就在那里等着。终于，她的父母肯让她出来见我们了，倒不是被我的执着所感动，而是实在怕别人说闲话。因为小县城的人都比较朴实，总是有一辆黑色的别克车停在店门口，俩小伙子在车里坐着，时刻监视着店里的一举一动，那感觉就像间谍一样，她父母觉得影响不好。

期待已久的见面终于来了，她还是和从前那样美好，在我心里我们似乎从未分开过，我说我想跟她和好。她看我的眼神有些陌生，语调生硬，甚至有些很不客气。她说她并不想跟我和好，也不想再见到我，我心里郁闷极了。可见她态度坚决，这么聊下去不会有什么好的结果，我只好说让她再想想，我们改天再聊。没想到，改天就见不到她人了，她父母说她去了邢台姑姑家了。我们又一路开车来到邢台市，找到她姑姑那里。又等了好久，终究没见到人，她姑姑说她回北京上大学了。我再一路折腾回到北京，去到她学校，她还是不愿意见我，在电话里说："当初我怎么就跟你在一起了，我图你啥啊……"我特别的尴尬，想想确实也是，我长得不高、不帅，也没有钱，确实人家图我啥啊。最后想想算了吧，即使心里有万般不舍，也明白这辈子只能陪她走到这儿了。

大学的时候我选修过一门表演课，有一次老师给出一个题目叫"表演分手"，同学们需要自行设计情节、台词、动作，然后进行表演。我表演的分手被大家评为"最有感觉的分手"。还记得当时，我说话的时候感觉特别地到位，眼睛里面带着点柔光，舍不得分开而又不得不分开，分开之后，我又突然回头，牵住了那个女孩子的手……短短的几分钟，我和我的搭档把情侣之间的情意绵绵、依依不舍、饱受煎熬的状态，诠释得淋漓尽致。大家给予我们很高的评价，说表演得非常真实。现在想来，也甚是好笑，那种"真实"，无非是对感情的一种粉饰罢了，现实中哪儿有那么完美的落幕？

我曾经无数次幻想，在城市的某个地方，在某个不经意的瞬间，可以再次邂逅那个熟悉的背影。可是再见，已经物是人非——她已不再是那个懵懂的女孩，我亦不再是那个可以处处给她呵护的英雄少年。相见不如怀念，当她渐渐走远，不如就此道声珍重。

第五章

我的财富自由之路

5.1

原子能房产的诞生

经过在房产开发商和中介公司一年的摸爬滚打，我的业务已经做得十分精熟，每个月都能被评为销售冠军。再这么干下去，也很难有新的突破，是时候开一家属于自己的公司了。

公司的老板对我很照顾，我想提前和她沟通一下心里的想法，尽量让她的损失降到最低。我说："妈妈 Lucy，你这里恐怕要准备招人了，总有一天我会离开这里，自己去创业。"人情归人情，资本家的本质终究是逐利的，她听我这么一说，立马把我的钥匙收了回去，说："你被开除了！不能再进办公室了！你的签证 24 小时内将会被取消！"我对 Lucy 和这家公司有着很深的感情，因为她在我最难的时候拉了我一把。我拼命工作不单单是为了挣钱，也是为了报恩，没想到有一天她会像防贼一样的防着我，怕我带走公司的业务资料。我心里有些难受，向妈妈 Lucy 许诺："创业是我的志向，但是我保证不会挖你的墙脚，更不会带走公司的任何一名员工。"

签证 24 小时被取消，意味着我没有了退路。外国人在迪拜工作必须持有工作签证，工作签证只有公司才有资格办理，取消签证就等于是被禁止工作，除非找到下一家公司重新办理签证，或者干脆成立一家自己的公司。这就逼着我不得不尽快行动。经过最简单的筹备，我的原子能房产公司成立了，那是 2009 年的年底，迪拜的经济最为黑暗的时候。

在迪拜注册公司并不难，但需要有本地人为公司做担保。这位阿拉伯人是我在达马克时的同事 FAHAD，2009 年在我注册原子能房产公司时出面为我担保

公司之所以取名叫原子能，是因为我觉得每个人都像一个小小的原子，虽然很渺小，但拥有无限的潜能。而我希望我的公司能如原子能一样爆发。

公司刚成立，我的很多朋友、同学都不看好，说迟早会关门大吉。其中有个哥们儿很直接，他说："廖望，你这个大傻 ×！现在金融危机这么严重，你知不知道有多少房产中介公司关门？就连开发商都是破产的破产、裁员的裁员，你还开什么公司？你是有钱不知道往哪里扔了是吧？我看你要么是脑袋进水了，要么就是被门夹了！"

他这么骂我不是没有道理，因为我公司刚开业的那个月底，迪拜政府就出现了债务危机——11 月 25 日，迪拜政府宣布重组旗下的主权投资公司迪拜世界，并延迟 6 个月偿还债款。事件引发全球股市动荡，外界担心可能触发新一轮金融风暴。彼时迪拜人心惶惶，因为看到冰岛在金融危机的冲击下宣布破产，很多人传言迪拜政府将要重蹈冰岛的覆辙，黄金之城行将倒塌，沙漠奇迹将

原子能房产的户外英文广告

荡然无存。

朋友们好心相劝是想让我及时抽身，不要陷进危险的泥潭，但其实我没他们那么悲观。我认为迪拜这座城市正处在上升期，还有很大的发展空间。现在看来，我当年的眼光并没有错，至少在我实现财富自由之前，迪拜的发展还是很快的。

2009 年 12 月份，我写过一封致员工的信，在信中讲道：从长远看，迪拜必将腾飞于世；从近期看，我司所经营之业务有增无减。

之所以说迪拜必将腾飞于世，是因为在我看来，从长远和大方向上来说，迪拜必将是中东贸易与金融中心的不二之选。

放眼全球，当远东需要一个贸易与金融中心时，香港崛起了；当环太平洋区域需要一个贸易与金融中心时，新加坡崛起了；现在中东地区需要一个贸易与金融中心，迪拜已经先人一步。和迪拜一样，香港和新加坡也都是自然资源紧缺，连淡水都要从外界引入的地方，且香港和新加坡都曾经数次遭遇过金融风暴。1997 年的亚洲金融危机使香港和新加坡的房价巨幅缩水，但经过一段时间的调整，都逐步回涨。读史明智，鉴往知来，反观当今之迪拜，大可不必在意那些危言耸听。金融危机会影响迪拜的发展速度，但骆驼的体格始终比马大。理由如下：

第一，迪拜位于欧亚非三大洲十字架的中点，是海湾地区最好的海港，还是世界三大贸易中转中心，转口贸易辐射海湾六国、西亚七国、非洲及欧洲南部国家的终端市场，而辐射的人口高达13亿。独特的地理优势，注定迪拜成为中东贸易的中心。

第二，迪拜的基础设施和物流体系十分健全。迪拜拥有天然良港，码头很具规模，地铁已经建成，现有迪拜机场已经成为世界三大机场之一，再建的新国际机场将成为世界第一大机场，海运路线遍及全球每个角落。周边国家的商人往往都会选择先把货物进到迪拜，然后再转口到自己的国家，或者直接到迪拜的专业市场购买现货。

第三，迪拜的政策优势明显。政府鼓励外国人投资贸易，会提供优厚的免税政策和其它便利，且从政者基本没有贪污受贿现象。

第四，迪拜的社会治安良好，是阿联酋甚至整个中东地区最安全的地方。在这里到处都有巡警，警察奉公办事，态度良好。迪拜有明确法律规定，只要打架就得进监狱，无论谁对谁错，所以很少有犯罪事件发生。社会风气好到用路不拾遗、夜不闭户来形容一点都不为过，我曾经数次将公文包放在车中，忘记关车门，依然无恙。

第五，迪拜的思想开放程度在同地区居于首位。相对于阿布扎比、沙特、卡塔尔等其他阿拉伯国家来说，迪拜的包容程度更高。街头可以看到情侣牵手、拥抱，女生可以穿超短裙，甚至部分低胸装，而这在阿拉伯地区是被严厉禁止的，尤其在沙特是要坐牢的。

从近期和小方向来看，我司的业务范围国际城风光更甚，地产需求依然存在。

因为金融危机再严重，人们依然需要吃面包米饭。根据“土豆效应”，经济危机时，人的需求会滑向马洛斯需求层次的较低层，那么低端便宜食品的需求会上升，也就是说，在危机面前，吃比萨饼的人必然减少，作为替代，面包米饭的需求量必然增加。我司所做的迪拜国际城项目的房产，当属房产中的面包米饭，乃生活必需品，而非熊掌燕窝般的世界最高楼房产。金融危机可能会减少熊掌燕窝的消费，但是不吃熊掌燕窝，他们去吃什么了呢？

国际城项目涵盖已经建成的商业项目龙城（Dragon Mart），住宅区有数千的临街商铺，远期有很多住宅加商场项目，部分在建的写字楼、公园及滨湖开发区。店租较为合

这张照片拍摄于2012年，我为之取名“沙漠歌手”，照片虽然为摆拍，但多少能体现出我追求自由的心境。我认为，灵魂自由与财富自由共生共存，财富自由是前提，灵魂自由才是自由的最高形态

理的龙城是中国商品在中东地区的集散地之一，这里商品物美价廉、交通便利，近年来名望上升很快，每天都会有众多的买家从邻国沙特、阿曼、卡塔尔驱车前来采购。龙城大有削弱老贸易市场 Deira 而成为独一无二的中国商品集散地之势，临街商铺三五年后亦会成为车水马龙之地。此外，地球村已经开业，水果蔬菜市场近在身边，大学城发展迅猛，都为地产市场注入新的活力。综上，国际城内多个商业项目相辅相成，互为促进，必将拉动此处房产的刚性需求。

国际城交通便利，堵车少见。全天任何一个时段出行，基本只需 15 分钟便能达到市中心及机场，半小时可到棕榈岛及附近的富人区。此地位置上佳，得天独厚，迪拜人尽皆知。

国际城房价水平偏低，无论是租房还是售房都处于低位，这就意味着远期有很高的升值潜力，近期必将受到追捧。该处 2009 年住房售价为每平方米 8500—9000 元人民币，而临街商铺受金融危机影响已经降至每平方米 7500—8500 元人民币，如此价位仅是 2009 年香港房价的 20%。迪拜的房产是永久性产权，亦无房产税，相比国内的 50 年或 70 年产权以及北京、上海等大城市高额的房价，优势一目了然。迪拜的租房收入也较为可观，年租金为房价的 10% 左右。如此优质资产，何愁无买家?

我告诫员工，无须为公司业务担忧，当下做好市场营销及客户服务，在寒冬期快速占领市场份额，才是长成为参天大树之本。

有人说，创业有风险，三思而后行，而在我看来，一辈子不敢拼搏才是最大的风险。因为只有拼搏，才有机会实现人生的财富自由，才有可能进一步拥有时间自由和心灵自由。再难的事情都要给自己一个机会去试试，说不定做着做着就变容易了；如果一味畏惧、退缩，困难就会越发地膨胀，甚至成为一生都无法跨越的障碍。人生该闯荡时就要闯荡，历史是勇敢者创造的!

5.2

我是如何拿到三倍佣金的

开公司初期，我既是老板，又是销售，而且是金牌销售。做销售要善于创造机会，并且有能力让房东、租客的利益都能得到最大化。房东、租客本就是天平的两端，怎么可能利益都得到最大化呢？这看似是一个矛盾的问题，其实想要解决好也不难。我曾经就做过一个店铺，让房东把空了三年的房子租了出去，租客以理想的价格租到了心仪的房子，而且我还因此赚到了三倍的佣金。

2015 年，我在迪拜的办公室办公

那个店铺是一处临街房，未经装修，看上去空置了很久。

我想接手这套房源，但其中有两个很大的难点：一是橱窗里有一个很大的电话号码，那是房东的；二是在房东电话旁还贴着一个房产中介的电话。任何一个租客都可以直接找到房东，也能找到与房东关系紧密的中介，这就意味着，我的机会其实是很渺茫的。

一般来说，找房东直租是租客的首选，因为可以省去一些中介费。纵使谈不拢，还会选择与房东关系好的中介机构。显然，把电话号码贴进橱窗里面的中介占据了优势，所以从理论上讲，这一单我是肯定做不成的。但是这单生意最终是在我手上成交的，而且佣金挣得很高——租客给我付了双倍的佣金，房东又给我付了一笔佣金，相当于我在一笔交易里拿到了三份的佣金。

看到房东和另外一个中介的电话，我其实一点都不担心，我知道这两个人都未必能把客户谈成。为什么？因为作为房东来说，他希望收的租金越高越好，而作为客户来说，肯定是付的租金越少越好，这两者是有矛盾的。为什么要有中介的存在？就是为了解决其中的矛盾。旁边那个中介，他虽然拿到了钥匙，并且跟房东关系要好，但我也不害怕，因为我知道店铺空了很久都没有成交，里面肯定有难点，并且是那个中介无法解决的。我相信，以我的专业度和专注力，一定能吃到这块蛋糕。

干房产这么多年，我只专注于做一个区域，这里的每一寸土地上都有我的脚印，每一栋楼的每一套房产我都如数家珍。所以你只要报出房间号，我就可以告诉你它是什么风景——是面对停车场，还是面对公园，是面对转盘，还是啥风景也没有。我相信，没有人比我更加了解这一区域的市场。

我在橱窗外面贴了一个小小的“牛皮癣广告”，说我是本小区最牛的房产销售 Leo。那时候，瑞星杀毒软件很是流行，我把瑞星杀毒软件的标志——小狮子抠了下来，放在我的“牛皮癣广告”里。客户一看到那个显眼的黄色小狮子，很容易就能记住我的名字 Leo；我说我是最厉害的销售，客户看了之后就会忍不住心动。

原子能房产在迪拜《绿洲报》上投放的广告

有一天，一个客户给我打来电话，听口音像是伊朗的，因为伊朗的波斯发音很好听，尤其是女孩子讲起话来特别温柔，所以很好辨认。我一听客户来了，立马精神百倍。对方从电话里问："这个店铺的房租是多少？"其实我早就打听到房东的要价，便问她："房东跟你说是 6.5 万，是不是？"她说："是。"我就很自信地告诉她说："你来我这儿，我 5 万给你拿下来！"差 1.5 万啊，对方很有兴趣，问我在哪儿，说马上就要见我。我把公司地址告诉她，几分钟后她就到了。

我的猜测一点没错，对方果然是个伊朗小姐姐，而且人如其声，美丽大方，深邃的眼窝、长长的睫毛充满异域风情，谈话也很有涵养。我和小姐姐聊得很开心，我说我是国际城最牛的销售，你找到我就对了，保管你药到病除！我还告诉她，这套店铺我很清楚，哪个朝向，周边什么配套，我都知道，这个店铺房东要多少钱我也知道，但我唯一没告诉她的是，房东也是伊朗人。当然她打过房东电话可能也知道对方是伊朗人，因为从口音一听就能听出来。虽说是一国同胞，但他俩就是谈不拢，所以才会找到我。

小姐姐听完我的介绍，对我十分信任。我向她提出了我的条件："5 万我给你拿下来，但是你要给我十天的时间，我好跟房东谈判。如果能谈下来，佣金你要付我 5 千迪拉姆，可不可以？"她答应得很痛快，说："你已经给我省了那么多租金，我为什么不给你 5 千迪拉姆呢？"我收了 5 千迪拉姆的定金，并补充道："如果十天之内，这个店铺我谈不下来，我将把钱如数退还；如果十天之内我能谈下来，你必须要来签合同，否则定金无法退回。"小姐姐完全同意，签了协议后就非常高兴地离开了。

争取到客户，就到了展示我的专业能力的时候了。我先跟房东打电话搞好关系，让他觉得我对这个商圈特别熟。我告诉他，你这个店铺在国际城希腊区，旁边有一家餐馆，前面还有个理发店，它周边有什么配套，整个国际城是怎么样的行情，我都说得一清二楚。我还说："你想要 6.5 万出租你的房子，我可以尽量帮你试试，我相信这个房子也空了很久了吧？"他说："是，这个房子空了三年了。"我说："我可以理解，金融危机来了，房子不好往外出租，如果你不是找到我，也许你还要再空置三年。"房东听我这么一说，有些担心，主动提出把他的房子交给我代理。他被我的专业分析所征服，觉得我很厉害，并且他也感受到了我做事的积极心态，对我产生了一种良好的信任。

我不停地带客户去看房。其实当时房价低迷，租户都不愿意出很高的价钱，有的出 4.5 万，有的出 4.6 万，还有的出 4.4 万，但没有一个肯超过 4.8 万的。我把情况报给房东，他见我对他的店铺如此感兴趣，并且一直帮他推销，不免有些感动。我说："我每天成交的店铺很多，至少能有个三五单，你这个店铺我看了一下，确实贵。"

光说不行，还得看事实。我给他看我最近签的合约，让他自己分析市场价是多少。我循循善诱地说："和你这个店铺大小一样，朝向基本上一样，位置类似的房子，你看人家租多少钱？也没有超过5万是吧？"于是，他开始动摇了。我再给他看报纸，把相对便宜的店铺剪下来，扫描成图片用邮件发过去，告诉他，和他差不多的店铺，租金只收4.3万。当然，他的房子要比报纸上的位置稍微好一点，其实影响店铺租金的除了区域、面积，还有朝向，是否是把角的位置，包括店面有几块玻璃可以对外展示商品，有几根柱子遮挡视线，都会有所不同。

如果我直接告诉房东，他开的租金要远远高于市场价格，他肯定难以接受并且认为我的销售能力不行，也有可能从此之后不愿接听我的电话。但是我不断拿出事实证据，让他看清整个市场行情，他终于答应可以降低价钱。

一套组合拳打完后，我就跟房东说："你这个店铺比较难做，我带了这么多客户，都没有人租。你看，4.8万能不能租？"他当然不愿意降价，就还价说："4.8万太少了，5万行不行？"我没有一口回绝，而是跟他商议说："5万不一定行。我这有个开 5 万的房子，往外租了好久都租不出去。有些 5 万成交的，都能给几个月的免租期。”他赶紧说：“我可以租高一点，给一些免租期也好啊，这样我们来年租金还可以高一点嘛。”我假装无奈，告诉他说：“好，尽量给你租 5 万，我试试。”

虽然当时租客的定金已经在我手上，但是我仍不敢轻易跟房东兜底，因为这么做相当冒险。假使房东吃了定心丸，又想骑驴找马，再看看 5.5 万能不能租出去呢？而他心里没底，就会着急，因为店铺空一天就等于损失 200 迪拉姆，此外他还要搭进去一部分的物业管理费，所以他巴不得快点租出去。

我找到伊朗小姐姐，很认真地说：“你这个店铺的房东太难说服了，他坚持要 6.5 万，我费了好大的功夫，才让他同意降低租金。现在房东跟我像哥们儿一样，关系非常好。我和他谈的价格比较接近你的预期，或许我还能为你争取到更多的利益。因为我觉得我跟你比较聊得来，你对我那么信任，一见面就把定金给了我，我特别欣赏你做事的方式，认为你是个大方的人，想和你建立一个长期的合作关系，为你争取更多的利益。我们当初谈的是租金 5 万块钱，你给我 5 千的佣金，对不对？如果我为你争取到几个月的免租期，能不能再给我点佣金？”她一听很是高兴，说：“可以啊，佣金你说要多少？”我沉吟了一下，说：“正常来说，如果我能为你争取到一个月免租期，你要付给我半个月的租金；如果是两个月，你需要给我一个月；那如果能争取 10 年的免租，你给我 5 年的租金做佣金就好了。”她也明白，不可能有 10 年的免租期，但是听我说得这么有趣，她就笑了，气氛也随之活跃起来，那么我们很容易就达成了共识。之后，我把她约到办公室，按照刚刚达成的共识补充修改了协议的条款。

我回头又找到业主，说：“你的店铺已经空了三年，按照你的租金要求，再空三年那得损失多少钱？你还不如便宜点租出去，你看我成交的店铺都是 4.5 万、4.6 万，我帮你租高一点，你给两个月的免租期，行不行？”业主这时候也是心里发虚，就说：“反正都空那么久了，给两个月就给两个月。”我这时赶紧再进一步，问他：“我这边有个客户可能会成交，我看能不能再尽力帮你争取高一点的租金，我看你这个业主确实挺靠谱的，我跟你也挺聊得来，想跟你建立一个长期合作关系。我如果能给你租高一点，你能不能付我点佣金？”业主此时也没有什么戒心，只有急切了，就说：“可以啊，没问题！”我见状赶紧加码说：“4.5 万是市场价。如果我能给你租10万，你能不能给我5万做佣金？”他也被逗乐了，笑着说：“你能租10万？我还真不信这个邪！我往外租了三年都租不出去。”我一本正经地说：“租10万我是跟你开玩笑，那我租4.55万也还是有可能的嘛，你给我500块也行呀！反正我能争取，就尽量争取。”跟他聊得比较久，也一直都很诚恳，他自然对我产生了一种信任感，觉得我确实很努力，因为除了我以外，三年来没有任何一个中介给他打过这么多电话，这么积极、这么热情、这么有能量。最后房东承诺，只要我能把房租谈高一点，多出来的那部分都拿给我做佣金。之后，我们重新补签了协议。

又过了两天，我把双方都约到店里，签了合同。按照之前签好的协议，房东付我5千佣金，租客给我了5千佣金，再加上两个月免租期的佣金，这一单我总共收了三份佣金。

房东和租客都有对方的电话号码，还是同一个国家的人，也没能谈成合作，而另外一个中介，根本就是像空气一样的存在。我之所以能做成这单，最根本的一点还是站在对方的角度思考问题。在生意场上，每个人都想争取自身利益的最大化，如果你能让客户感觉到你帮他拿到了最高的利益，而且他也看到你确实在为他的利益不断奔走，那么，他为什么不给你好处呢？

作为一个房产中介来说，存在的价值在于促成交易，所以你应该用你的专业能力来引导你的业主和你的客户。因为他们不懂市场，而市场又是瞬息万变的，尤其是在金融危机的时候，一套房子的价格一个月掉10万、20万是常有的事。我们要做的就是，让想拿租金的拿租金，想租店铺的把店铺租到手。然后他们才有精力去做下一步的工作——开店的更好地开店，拿到房租的再去投资或者消费，刺激经济的复苏。因为没有交易，经济就不会活跃，GDP就不会增长，我们都应当努力做推动GDP增长的“小马达”。

2013年，我爱上了马术，这是我在迪拜练习马术时的情景。我喜欢在各种运动中挑战自我，激发身体的潜能

2015 年，迪拜原子能房产员工参加游艇会时的合影

5.3

留住你的客户

有经验的房产销售，见到客户第一个问题就会问，你什么时候起租。这个问题很关键，因为如果他告诉你起租时间是三个月后，那么基本上等同于是浪费时间——他怎么可能定下来嘛！一般来说，十个销售里面有七八个都会把这类客户丢掉，因为需求太远了，基本上不太可能支付订金，除非少数。不过，这种客户我见得多了，而且我认为，留住他们其实不难。

作为一个销售，首先要看懂你的客户。能提前两三个月看房的客户，必定是极度没有安全感的，也是对市场没有一点概念的，所以这个时候要表现出我们的专业度。和客户讲话一定要有自信，然后给他看很多你签的合同，之后还要带他看一些房子。把手上所有符合客户需求的房源都带给他看，无论是租的还是卖的，因为即使这套房子是租的，他也不可能马上租下来，而我们要做的就是从各个方面给予客户安全感。

曾经有一对美籍尼日利亚的夫妇来我这里租房，他们讲着一口纯正的美式英语，大概是在美国工作过比较长时间。他们想要租个一居室，在两个半月后入住。我那天带他们看了四套房子，其实这里面只有一套是租的，而其他三套都是卖的。因为即使我拿四套租的房子给他们看，两个半月以后这些房子基本上也都已经出租完了。

这对夫妇对房子的需求比较高，一定要朝向好、带阳台的，窗外一定要风景好，而且是花园风景，最关键的是租金要便宜。我带他们看的房子中，至少有一套满足了这些条件，但是租金却不便宜。你想这么好的房子，租金怎么可能便宜呢？那么能不能如实报出市场价的租金呢？不能。因为他们从你这里出来之后，还要去找别的中介公司。如果找了一圈下来，发现就你这里的性价比最高，房子质量还好，就会立马来交订金。

那对夫妇由我带着看完房子，很是满意，但是当天没有定下来。过了两天，那位男士主动给我打电话："Leo, how are you？"语气听上去很开心，我心说有戏了，果然他马上问我："你在哪儿，我想见你。"我告诉他我就在办公室，他很快就过来了，并且交上了订金。我装作不明所以，问他说："你还有两个半月才入住，现在这么着急交订金干吗？"他热切地说："我就喜欢这套房子，一定要留好啊！"我很诚恳地告诉他："时间太远了，我不一定能留好，但是我可以试试。我先跟房东沟通，如果沟通不了，我会把订金退还给你。"

他们看上的那套房子不可能出租，因为是卖的，但是我给他们编了一个故事，说我的业主同意出租，也会等着他们。我为什么要这么做？因为我知道我有两个半月的时间，完全可以去给他找一套类似的房子，租金可能稍微高那么一点，但却是符合市场价的房子。同时这两个半月，他可能还会去别的中介公司再看一看，也可能会关注报纸、媒体，了解房价。这个时候他会明白，这套房子的价格实际上是比市场价格低了很多的。

两个半月过后，客户过来了。我当面给房东打了个电话，然后很遗憾地告诉客户，他订的那套房子已被租出去了，因为房东实在等不了。不过，我这里还有几套也很好，你看一下。你要喜欢的话，房价也差不多，我能给谈下来。他一开始肯定会不开心，但是回头想想，其实也能理解，房东不可能在房租这么便宜、这么好租出去的情况下，还等我这么久，对吧？

在这种形势下，如果客户生你的气了，你要好好跟他解释；如果在这之前你跟他关系处得不错，一般客户气也就会消了，十个里面有九个会这样。其中有一个客户可能会骂你一通后把钱拿走，不过走了之后，他也找不到更好的房子，比较来比较去觉得还是你最靠谱，还有可能会回来。因为你提前准备好了几套房子供客户选择，条件差不多，价格也差不多，他看完照样跟你签合同。

签合同的时候，我会为之前犯的错误向客户道歉："因为我犯了错，没有让房东留住那套房子，所以我给你让点佣金，或者给你免费接水电，安排人打扫一下卫生，再帮你安排一次杀虫，把臭虫、蟑螂都灭掉，让你住得开开心心。这些都是我免费给你的，我个人掏钱，你看这样行不行？"客户听完后往往会眉开眼笑，立马冰释前嫌，还会觉得心里很温暖，并且有可能为你介绍其他的客户。

其实客户找你，就是为了解决房子的问题，不管你用什么方式，最终帮他找了合适的房子，并且额外为他考虑了很多，他不但不会怪罪你，反而还会感激你。

当然，在这个过程中要顶住压力。你可能会挨顿臭骂，但是这么做的前提是，你一定要有帮客户解决问题的能力。如果没有能力解决问题，反而耽误了客户，那么干脆就别揽这个事。因为我房源多、客源多，而且我知道我能做到让客户满意，所以这套逻辑我是能够玩得通的。

另外，做销售还有一个原则，就是将心比心，能满足客户的需求尽力满足。比如说，客户要求把合同中的某一条款去掉，这个条款是说如果他要退租，要提前一个月通知业主，如果业主也不反对，那就去掉。再比如说，起租日期可以往后写个一两天，因为客户确实今天住不了，业主也理解。还有的客户会说，合同上写不能对房屋做任何的改动，你能不能帮我加上一条“可以挂画，但是要得到房东的批准”？我也会同意。只要是能满足客户的需求，对你又无关痛痒的，或者说有一定的小损失的，你都同意他，让客户感激你，就丢不了客户。

到迪拜本地朋友家中做客

如果客户的需求超出了你的能力范围，那么你要去帮他争取，至少给房东打个电话。比如客户说，起租日期我想往后延一个礼拜，你看能不能写？我会跟他商量，要三天可以，往后延三天行不行？如果他觉得三天还是太短了，能不能给我四天？我也会答应。那如果他实在要一个礼拜，也不能断然拒绝。我会当面给房东打电话，如果房东同意那就皆大欢喜，如果房东实在不允许，你当着客户的面打了电话，他也会感谢你。

还有，即使你努力过后，仍然无法满足客户的需求，起码能做到让他心理上舒坦一些。比如说，这套房子卖 100 万，客户只愿意出 95 万，你死活都谈不下来。你可以跟他说，你看我已经尽力了，还是谈不下来，能不能这样，我看怎么让你快点通过政府的过户，早点收上租金。那么，他也会很开心。退一步讲，实在你什么都做不了，你也可以坦白告诉他，你看我什么也做不了，我买个冰激凌给你道个歉吧，或者我给你抓一把糖果吧。客户会觉得，这个销售太会做人了，我就该跟你合作，多掏 5 万块钱也值了。

其实人心都是肉长的，任何人都愿意看到别人为自己努力。当你能够做到为客户两肋插刀时，那么客户也会带给你意想不到的回馈。

5.4

一次冒险的收购成就了我的财富自由

我的原子能房产公司凭借着良好的服务，迅速在市场上站稳了脚跟，公司开业第一年规模就扩大了六倍，我在圈内也小有名气了。

很多同行都知道，原子能房产的廖总除了开中介公司还做房产投资，他们推荐的房子如果能被我看中，收到的中介费要比市场价格都高，所以谁有好的房源都愿意介绍给我买。房子出手的时候我还和他签署独家协议，优先给他卖。有一部分中介，如果不要中介费，我会承诺把到手利润的10% 分给他。与同行合作，我从不食言，久而久之我在这一行有了很好的行业资源。

还记得我第一次做房产投资的时候，就只敢投一套，而且还担心得要命，生怕赔本。那是金融危机之后，房价每天都在下跌。有一个业主大概是在危机中受到重创，着急卖掉手里的房子回笼资金。他找到我，说愿意出很低的价格卖给我。我不肯买，他又降价，价格低到让人难以抗拒。我考虑了好久，终于出手接下这套房产，可之后的好几个晚上我都辗转难眠，因为怕捂到手里卖不出去。好在我的业内资源广泛，后来加了 30% 把它卖掉了。初次尝试便收获不错的回报，我的胆子逐渐变大了，此后一套变两套，两套变四套，四套变八套，我开始疯狂投资房产。买房对我来说已经成了家常便饭，别人买一套房子可能会花尽一生的积蓄，而我每个月都会买很多房子。

حكومة دبي
GOVERNMENT OF DUBAI

دائرة الأراضي و الأملاك
Land Department

شهادة ملكية عقار
Title Deed

Zone : Dubai
Community : Al Warsan First
Plot No: 237
Bldg No: 1
Bldg Name: Y01
Unit No. : S04
Floor No. : G
Unit Area : 613.54 Sq. Ft.

Owner :
WANG LIAO 613.54
Purchased from Kazim Abbas Vakil

This Property and the ownership there of is subject to the terms ,conditions ,covenants in the Master Community Declaration of INTERNATIONAL CITY and to the rules and regulations issued in accordance there with as may be amended from time to time.

Issue Date : 09-07-2009

مدير عام دائرة الأراضي و الأملاك
Land Department Director General

2009 年，这是我投资的第一套房产，卖出去后小获成功，它为我的房产投资生涯迎来了开门红

2012 年，受金融危机影响，尼日利亚国家资产管理局要处理他们在迪拜的 46 套店铺和多套海景豪宅及别墅，他们找到了当年的开发商，那个

开发商又找到我，问我感不感兴趣。

我考虑过后，说只要店铺，不要那些海景豪宅和别墅。因为以我的判断，在金融危机的大环境下豪宅市场并不好做，而店铺的价值则被严重低估了。46 套房产并非是个小数目，可是因为价格确实很低，我颇为心动。我承诺愿意给那位开发商同行两个点的佣金，外加 10% 的利润，之后，他很快帮我对接上了尼日利亚资产管理局。

尼日利亚资产管理局要求 46 套店铺全部现金收购，不能贷款。因为当时迪拜债务危机的影响还未消退，银行将所有关于房产的贷款全部停掉了，尤其是对房产中介公司，绝不提供贷款。46 套房产，而且都是店铺，要求一次性支付，实际上当时我没有那么多钱。怎么搞定这个问题，还是很烧脑的。

对方是国家资产管理局，相当于我国的国资委，他们首要条件就是要求买家具备相当的实力。见面后，尼日利亚国有资产管理局的代表上来就说，你要买我们的房子，首先得证明你有足够的实力，我们需要你提供一份银行资产证明，让我们看看你的账户里面至少有这么多钱。我当时想，如果我真的提供银行资产证明给他，那么这单生意铁定就黄了。我动了个念头，告诉中间人说："你帮我跟对方说，我是来自中国的土豪，不差钱，我立马会打几百万到他们账户上做押金，如果我不要房子，那几百万就让他们拿走。资产证明我不能给，因为涉及我个人的隐私。万一传出去，可能会危及我的人身安全。”尼方起初并不接受，经过多轮艰难而又充满技巧的斡旋谈判，我甚至先把押金打入了尼方账户，他们开始动摇了，最终接受了我的条款。

押金付过后，我和尼方之间要签署一份备忘录。签字当天，尼方请来一名英国律师，英国律师又找到迪拜著名的BSA律师事务所（是迪拜最高法院的前院长开的律师行）进行业务法律处理。有大律师保驾护航，我少了一份担心。签

2011 年，我的第一辆保时捷。从二手三菱到保时捷，我走了三年

署备忘录时，我进一步提出我的条件——46 套房产我要分批过户。理由是：初次和贵方合作，我也担心贵方身份的真实性，所以我要先过户几套房产，测试一下流程能否跑通。最初对方表示不理解，后来又经过多方沟通、磋商，他们觉得我的理由也是蛮成立的。尼方代表将情况反映到尼日利亚政府高层。在尼日利亚，这种事情基本上都能到总统那儿了。高层反馈回来的意见是：同意。

这次合作，我连走了两步险棋。第一步，在尼方的强硬条款之下，我铤而走险地拿出几百万做抵押，这叫险中求胜；第二步，我在无力支付房款的情况下，与尼方签订备忘录，那么很有可能会把自己逼到困境，一旦操作不当，合同即会终止，抵押款也将无法收回。要知道，付完押金后，当时我只剩下过户第一批房产的钱了，可想而知，这其中冒了多大的风险。

备忘录签完，我马上组织我的销售团队卖房。没有潜在的买家，我们只能现找，但是我知道这房子我一定能卖得出去。首先，我相信自己的市场眼光，2012 年迪拜的房价跌到了一个历史性的低谷，有很多人会选择在这个时候购入房产。其次，我的公司有 30 多人的销售团队，第一批过户的房子不到 10 套，销售起来难度不大。而最为重要的一点是，我入手的房子价格极低，低到几乎不可能会赔钱，只不过是挣多挣少的问题。

当然，能拿到一个极低的价格，是需要有谈判技巧的。在与尼日利亚政府谈判的时候，我报价很低，因为我要买46套，要求他们给出一定的优惠，而且我清楚他们不会断然拒绝我。政府处理资产，巴不得你一个人包销，他们省得麻烦。后来，他们请了评估机构来做评估，评估机构给出的结论是：价格在合理范围之内。评估机构不可能被人收买，不过我从中玩了一招净面积和总面积的概念混淆。商场如战场，一个从未练过兵的军队遇上天天在战场上征战的特种兵部队，是不可能打赢胜仗的。

第一批房子卖得还比较顺利，筹到了点钱，第二批过户就多过了几套。第二批卖完再过户第三批，直到把46套全部过户完。不过曾经有段时间我很焦虑，因为有一次过户了20套，我愁得脑袋都发麻了。还记得有一天周末休息，我妹妹和妹夫邀我一起去街上逛逛，我整个人神情特别凝重。他们俩担心我出事，问我："哥，你没事吧？是不是现在钱筹不上了？"不停地筹钱、买房、卖房就是我那段时间的状态。

46套商铺的体量很大，万一卖不出去就砸在了手里，押金也拿不回来，还有可能丧失既得利润，甚至丢掉声誉。我

上：2013 年 4 月 29 日，原子能房产 JLT 分公司成立合影
下：我给原子能房产员工颁发“最佳管理奖”

没日没夜的催着销售卖房，我自己也亲自上阵售卖。借助于我在行业里面的优良资源和不错的声誉，房子最终出手得还算顺利，只不过这个过程把我折磨得心力交瘁，幸亏我把它扛了过来。

当我最开始跟别人说我要买46套店铺的时候，别人觉得我是在开玩笑，因为在他们看来，这是不可能实现的事情。那次我在当地一个五星级酒店请两位朋友吃饭，其中一位是迪拜本地人，他在政府机关工作，是皇室的成员。席间，我同他们聊起这件事，也是想试探试探这位皇室成员能不能借点钱帮我周转一下，可是连他都觉得不太现实。那个时候，没有一个人看好我，但我还是把它变成了现实。

尼日利亚这一单生意为我带来了丰厚的收益，从2012年到2014年，不到两年的时间里这些房产涨了近乎三倍，加上租金也疯涨，每年的房租几乎等于投资额的30%。就这样，我完成了资本的一次飞跃。当时美国的《华尔街日报》为我做了一个专访，说我将迪拜的国际城变成了真正的中国社区，当然这个说法有点夸张，但至少可以看出我在这个片区的房产市场做得风生水起。

有了更多的资本，我的玩法也就更为成熟。因为我对市场特别熟悉，熟到什么程度？我能在一分钟之内为一套房子

上：2011 年，我给迪拜原子能房产员工颁发“最佳销售奖”

中：2012 年，我带着两位同事参加迪拜房产展

下：我回国学习先进管理经验，图为参加 L 公司军训

做出估价，而且比任何评估机构都要准确。所以，如果这套房子低于市场价的30%，我会毫不犹豫地买下来，然后再慢慢地卖出去。一个月能卖出去就卖一个月，半年能卖出去就卖半年，如果两年都卖不出去，留着收收租金也很好。迪拜的租金很高，差不多是房价的10%，相当于100万的房子一年的租金就是10万，每天一觉醒来就有将近300块进账，感觉也很开心。

我不断地投资房产，买入—收租—抛售，再买入—再收租—再抛售，公司利润呈现滚雪球式增长。我开公司第一年净赚400万，第二年赚了600万，第三年赚了4000万，第四年我就实现了财富自由。我的原子能房产也由此攀升至华人房产公司第一、迪拜房产代理公司前五的位置。

我的原子能房产公司在金融危机中存活了下来，并且发展迅猛，很快成了迪拜房产界的后起之秀，我也成了迪拜华人圈中的“小明星”，各种活动邀请纷至沓来。图为2010年，我与迪拜总领事詹京保在聚会中的合影

2017 年，迪拜原子能房产员工足球队合影。在我的影响下，运动成了公司企业文化的一部分

5.5

逆袭人生

记得大学时期，有一次宿舍开卧谈会，大家讨论各自喜欢的女孩子。我的舍友很好奇，问我："廖望你喜欢什么样的女孩儿呢？"我说："我要找一个金发碧眼大长腿的女朋友！"舍友继续问我："你听说过一个故事吗？"我说："什么故事？"他憋着坏说："从前，有个癞蛤蟆，它想吃天鹅肉！"大家哄堂大笑。

其实也不怪他们这么笑我，因为那时候我个子矮、干农活把皮肤晒得很黑，而且不会打扮，还住贫困生宿舍，说白了就是矮矬穷样样都占。以我当时的条件，找女朋友都困难，更别说是找漂亮的外国女朋友了！

然而我就是有这么一个梦想，或许是好莱坞大片看多了，"中毒"太深，我当时觉得如果这辈子能谈一个像《坦克尼克号》里边的Rose一样的女朋友，那就不枉来人间走一遭。

不过想归想，那时候我自己都觉得不太可能实现。来迪拜之后，我接触过很多来自世界各国的漂亮女孩子，但不敢追求，我认为人家肯定看不上我。直到2012年，我终于谈上了一个外国女朋友。

那是一个乌克兰的女孩子。有天下午，我去迪拜龙城的山图餐厅吃饭。龙城是迪拜最大的华人商品集散地，商场里全是华人的店铺，卖的都是中国制造的各种各样的商品。山图餐厅位于龙城，又是华人餐馆里面做得不错的，所以每次去都爆满。那天，我到山图餐厅的时候是下午三点多，居然几乎没有空的位置。我找了一圈，发现了一两个空位，但也不想坐，因为我看到了一个漂亮的女孩子。她头发金黄，皮肤白皙，眼睛是蓝色的，蓝中还带着些绿色的光芒，特别的迷人。她坐在窗边，一个人静静地吃着午餐，像极了一幅画。我看得有些痴迷，两条腿不由自主地把我带到她的旁边。

我有些紧张，语无伦次地向她解释："我可不可以，可不可以坐你对面的位置？餐厅没有地方坐了。"她冲我一笑，欣然同意。跟一个陌生的女孩子以这样的方式搭讪，我还是第一次，尤其对面还是个漂亮的外国女孩子，瞬间压力倍增。大概是我心里“有鬼”的缘故，尽管我努力地寻找话题，但气氛还是略有些尴尬。我告诉自己，你是一个销售，聊天是你的强项，怕什么？后来也就慢慢放开了，聊得还算愉快。遗憾的是，时间短促，她很快就要走了。我不想就此别过，在她离开之前，把她加为Facebook的好友。

回去之后，我在Facebook上给她发消息，她没有回复，大概她并没有在意我是谁。我也很想得开，不理就不理吧，我长得不高也不帅，不理我也很正常。我过几天就给她发个消息，她不理我，我也照发不误。终于有一天，她主动约我去酒吧坐一坐，问我有没有时间。我立马答应了她，这种时候即使没有时间，也得创造条件腾出时间啊。

再次见到她，我心脏狂跳。我有些兴奋，还有些紧张，毕竟不是情场老手，也不知道怎么和这种金发碧眼大长腿聊天，多多少少还是有些尴尬。但聊着聊着就找到了共同的话题。那一晚我们聊得很开心，之后就恋爱了。

我没想到，追外国的女孩子原来那么简单。她们很直接，喜欢就是喜欢，不喜欢就是不喜欢。在中国，由于我们受儒家文化的影响，谈恋爱都是讲究犹抱琵琶半遮面的。现在年轻的女孩子有更多的机会接触到西方文化，对于爱的表达已经简单直接了很多，但至少我们80后的那一批女孩大部分是非常含蓄的。

和乌克兰女孩恋爱之后，我发现人和人在一起的相处模式其实差不多，人心都是一样的，外国人和中国人没有本质的差别。只不过在没接触之前，会觉得这其中一定有特别大的难度，事实上这个难度是我们自己制造出来的。一切难度都是纸老虎。就像我刚刚参加工作时，领导让我组织表演节目，从没跳过舞的我敢上台在三千多人面前跳街舞，而且还拿了第二名。很多时候，我们不敢尝试，并非是事情真的有多难，而是自己把自己吓坏了。

我的乌克兰女朋友很爱笑，还喜欢浪漫。她觉得中国的男孩子勤劳、踏实、可靠，对家人还好，在她的眼里我有好多优点。我长得是不高也不帅，那我能不能稍微打扮一下呀？俗话说，三分靠长相七分靠打扮，给自己稍微收拾一下，换个发型，换个衣着，看上去至少能精神很多。我还可以提高自我修养，在谈吐和思想上体现我的高度。总之，在自己能够改变的方面尽可能达到极致，让对方看到你的自信、努力、成就或者是潜力，那么，这些完全可以让一个女孩子爱上你。

和乌克兰女朋友相处得很开心，但后来我们之间有些误会，也就分开了。之后，我又谈了一个西班牙姑娘，一个俄罗斯姑娘，并不是我非找外国女孩子不可，只是我觉得她们更加吸引我。她们五官立体，很有轮廓感，皮肤白皙，头发的颜色也特别好看，睫毛很长，眼睛也很迷人。从外观上看，她们的颜值确实比较高，这是世界公认的。身高也相对高一些，在下一代身上，能够弥补我的遗憾。还有，她们的性格比较直接，我喜欢和直接的人在一起生活。另外，她们对生活的追求相对简单，反倒不会把金钱和物质看得特别重。

那个俄罗斯姑娘是我以前公司的同事，那时候我就很喜欢她，但是不敢追。我从未向她表白过，也没有显露出我喜欢她，因为我打心里觉得自己配不上人家。人家金发碧眼，身高 1.75 米，魔鬼身材，我追她不是自取其辱吗？虽然那时候我是销售冠军，但还是比较屣。

创业成功之后，一个很寂寞的晚上，我想了好久好久，终于翻开手机里的联系人电话簿，给她发了一条短信。没想到，她很快回复了我，还答应和我见面。见面之后，她发现我整个人气质都不一样了，看上去精神焕发，说话很有自信，事业做得也还可以，自然对我刮目相看。我经过多年的历练，也有了更多的底气，尤其是接触过外国女孩之后，胆子也放开了。我坦言对她的喜欢，她也接受了我。虽然后来我们由于种种原因还是分开了，但我至少让这样一个漂亮女孩子爱上过我。

追求美好事物是人类的本能，自人类文明诞生以来，就产生了对美的追求，我们要做的事情就是往“美”的标准上靠拢。比如一个女孩不是白富美，就要通过化妆、穿高跟鞋和漂亮的衣服，让自己看上去更像白富美；一个男孩身高不高，长相一般，那么可以通过衣着打扮、改变发型、运动健身，让自己看起来更像个帅小伙子。

虽然我们有很多不足，但是至少可以在某一方面做到很强，比如说思想丰富、灵魂有高度、为人有爱心、做事有能力、未来有潜力等，只要我们能充分展现自己的强项，或许它的光环足以盖住其它所有的缺点，让一个女人为之着迷。

当然恋爱也需要智慧，我们要尽量放大自己的优点，避免展露缺陷。像我在谈恋爱的时候，尤其是和初次相识的女孩约会，绝对不会选择跟她一起去散步。因为散步容易暴露我身高上的不足，因为在她不了解你的时候，一开始就暴露出你的短板，很容易就会失去进一步交往的机会。我喜欢把女孩约到餐馆里面，提前一点到，坐在沙发上等着她过来，她会因此对我产生好感，同时我也为自己争取到一次让她了解我的机会，之后她便不会特别在意我的身高。

并且也有可能我们所认为的缺点，真正爱你的人并不在意。比如说，并不是所有女孩儿都看重身高。可能有部分女孩她很在意，一般那种女孩自己的个子就不高。个子高的人反而对身高不是很重视，因为人家觉得那其实很正常。我现在的女朋友 Anna，以前是波兰国家赛艇队运动员，身高 1.74 米，她的弟弟身高 1.95 米，跟他们全家相比，数我最矮，但是这并不妨碍她爱上了我。

我和我的波兰女朋友走在大街上，就是一道靓丽的风景线，回头率特别高。有好事的人问我女朋友我是谁，她说：

2018 年，一家人在迪拜的家里合影

“这是我男朋友，我们有两个孩子！”人群中，一位老大爷的白眼简直都要翻出天际：“嘿，这臭小子，打哪儿泡到这么漂亮的姑娘！”

从前我说要找一个金发碧眼大长腿的外国女朋友，被别人当成是笑话，但我终究把它变成了现实。我认为，只要方法得当，在很多事情上人是可以超越自我的。

刚刚参加工作那会儿，我在深圳的美资企业做经理助理。快过年了，公司要办一个自己的“春晚”，我被赶鸭子上架，代表800人的部门表演节目。我一个农村来的孩子，不会唱歌，也不会跳舞。上大学的时候，看我们系的学生在各种晚会上唱歌跳舞，我都无比崇拜，觉得他们就是我眼中闪耀的明星。然而，我从来没有幻想过有一天我也能上台表演。我对经理安排的这项任务表示为难，一来，我啥也不会，上台肯定给部门丢人；二来，我们部门都是生产线的一线工人，让他们干活没话讲，但是表演节目无异于是让张飞绣花呀。没想到经理把脸一拉，说：“你是我的助理，这件事你不帮我搞定，难道要我亲自上台？我给你两个选择：要么，你把这件事搞定；要么，领工资走人！”经理下了死命令，这事我干不成也得干啊！

既然硬着头皮接了下来，我就想干得漂亮一些。首先确定选题，我觉得不能选唱歌，因为唱歌谁都可以做到。而且我们三千多人的公司，其中有百分之七八十都是一线工人，一线工人不喜欢唱歌，他们更喜欢看惊险的、劲爆的、有新意的东西。所以我的定位是不唱歌，就跳一些他们只能在电视上才看到的舞蹈——街舞。街舞看起来非常惊险，但是经过我的分析过后，我发现有些动作难度其实并不高，我准备就从那些动作入手。我买了一大堆光盘，挑出那些看起来难度很高，但学起来没那么难的动作，然后把这些唬人的动作集合到一块，编成一支舞蹈。我自己先学会，再手把手教那些生产一线的工人。一个月之后，我们成功地站在了“春晚”的舞台上。我们的表演在几十个节目中脱颖而出，获得了第二名的好成绩，参加表演的每一个人还因此拿到了一笔不少的奖金。六个人的街舞团队，除了我是大学本科，其他都是一线的生产工人，我们谁都没想到这辈子还能上台表演，而且还是跳舞，但我们终究把这件事做成了。所以说，很多事情看上去难度很大，但当我们真正去做了，会发现这种难度其实就是纸老虎。

我打篮球也是一个很好的例子。我的身高只有 1 米 6 多，篮球根本就不是我这种人应该玩的，因为个子矮很容易被盖帽，自尊心受挫。大学的时候我就试过，我跟室友去打篮球，运动场周围有好多女生看球，给我的压力很大。因为我在哈尔滨上的大学，学校北方人比较多，大家都知道北方人个子普遍偏高，随便一个男生长1米7、1米8的身高都很正常，而我只有1米6多点的个子。我一打篮球，大家都看着我这个小个子在场上蹦来蹦去，觉得很好笑，我身上火辣辣的，特别自卑。尤其是那时候我根本不会打篮球，连扔球都不太顺利，所以尝试过几次之后，我就放弃了。当时的想法是，我这辈子最好再也不要碰篮球了。

在迪拜做房地产的时候，我有个同事酷爱打篮球，但是一个人打很无聊，他总想拉着我一块儿。开始我是坚决不去的，但后来被他缠得没有办法，又不能太伤兄弟面子，只好硬着头皮上了场。可以想见，我打得很不开心。可为了不想让人嘲笑，我该怎么办呢？遇到困难向前冲，我一定会这样做，因为这是性格所决定的。从那时候开始，我便花些心思研究怎么样才能把篮球打好。后来我真的发现了一个诀窍——打篮球最关键的一步就是把球投进篮筐，能把这一步练好就足以超越很多人。于是，我疯狂练习投篮，就只练这一招。我每周都去球场一个人练球，每次制定一个目标，完成才可以走。一开始，目标是进25个球，后来增加到50个，再后来增加到100个，我投篮的技术越来越娴熟。而且我发现，通过投篮这个动作还可以练习到拍球的手感，有了手感，运球就不在话下，还能顺便做一些假动作了。

就这样练习了一年多，我的发小去迪拜看我，我们两个 PK 篮球，我赢了他。要知道，他身高有 1.83 米，而且在高中和大学时代都是校篮球队的主力啊。之后，我再也不怕别人约我打篮球了。我不管对方身高有多高，他要想真的赢我，恐怕也没那么简单。毫不谦虚地说，以我现在的篮球技术，打赢 80% 以上的非专业球员是不成问题的。敢这么说，并非我有多么狂妄，而是我想说，事实证明人只要敢想敢做，很多困难是可以战胜的。

多年前，中央电视台有句公益广告词“心有多大，舞台就有多大”，我十分欣赏这句话。我认为，一个人和成功之间有很多壁垒，但最大的壁垒是他的内心。如果我们总是告诉自己“不可能”，结果最终真的成了“不可能”；如果我们始终坚信“我能行”，每个人都有可能释放出无限的潜力，取得惊世骇俗的成绩。

第六章

重新出发 用区块链 给世界赋能

6.1

我和加密货币

房产干久了的人有个通病——风险偏好比较小。从 2009 年至今，我投资过大大小小的住房、店铺已有数百套，鲜有失手。唯一的一次斩仓是 2013 年我决定投资几套迪拜的龙城别墅，开盘时我人在国内，便委托我妹妹和当时的总经理代为购买。我原本打算买 10 套，后来他们发来图纸，我觉得楼间距太近，只看中了其中的 6 套。待我返回迪拜后，发现房子并非想象中那么理想，便及时抛售，就这样，这 6 套别墅还是让我亏损了近 300 万。如果当时我人在现场，能亲自进行实地考察，这仅有的一次失误也是能够避免的。所以，房产对我来说可以算得上是绝对的保值、增值型的投资。看惯了实实在在的钢筋水泥，对于那些看不见、摸不着的高风险投资，我本能地都会选择拒绝。

2014 年，有个朋友向我介绍比特币，他说："廖总，你有那么多房产，随便拿出一套来换成比特币吧！”

我问他：“这个东西能吃吗？”

他看上去有些尴尬，但还是礼貌地说了句：“不能。”

我又问：“这东西能喝不？”

他说：“不能。”

我说：“那你告诉我，比特币到底是什么鬼？它能干啥？”

他告诉我：“这是一串加密的数字，将来能涨好多好多倍。”

我很生气，指着办公室的门说：“看到那是什么了吗？”

他回答：“门。”

我不客气地跟他说：“从那门给我滚出去！谁信一串数字能升值？搞传销竟然搞到我这儿来了！”

因为见识有限，第一次接触加密货币，我把它当成传销，误解了我那个好心的朋友，也错失了良好的投资时机。虽然当时我对比特币不以为然，但不可否认的是，这个新鲜事物还是引发了我的兴趣。

出于好奇，我开始有意无意地关注一些与比特币相关的资讯。记不清那是2014年还是2015年，我在喜马拉雅音频分享平台上听一个著名财经主播的节目，有位听众问他要不要投资比特币，他义正辞严地告诉对方：“投资比特币，你是用生命在赌博！”听完我更加确信了比特币就是传销的想法。但与此同时，我看到一则报道，其中提到，2014 年比特币的风投数额已经超过了资本早期对因特网的投资；而另一则报道中说，微软公司和戴尔公司已经接受比特币支付，这让我不得不修正自己的看法。不过，我仍然拒绝投资，选择继续观望。

后来我发现 YouTube 上有相当一部分人在讲比特币、莱特币，以及其他各种加密货币。这些人分别来自不同的国家，有白皮肤、黑皮肤，还有黄皮肤，其中不乏一些受教育水平很高，很有修养的人，他们看上去完全不像搞传销的骗子。如果一个人这样说，我可以把他当作是传销，但是一群毫无瓜葛的人，不约而同地都在说比特币，我觉得这事不像是传销。而且我看不看视频，买不买比特币，和他们没有一毛钱的利益关系，那就更不是传销了。

直到 2017 年 1 月，我终于决心试水投资加密货币。年初我以不到 10 美元一枚的价格购入一些莱特币，到年底竟然涨到每枚 360 美元；而同样不到 10 美元购入的以太币到 2018 年初疯涨至 1400 美元，这样的投资回报率简直颠覆我的想象。之前我也做过一些诸如股票、基金、股权之类的风险投资，虽然整体收益都还不错，但增长幅度相对缓慢，而像这样动辄几十倍、上百倍的涨幅我从来没有碰到过。然而，这还不是最为震惊的。让我跌破眼镜的是——那一年一枚比特币的价格最高点涨至近 20000 美元，比 2010 年比特币首次在现实世界中使用时的 0.0025 美元足足翻了 800 万倍！

是什么促成这样的涨幅？又是什么赋予这些虚拟货币价值？我内心无法平静，找来比特币的白皮书仔细研究。我终于明白，作为比特币底层支撑的区块链其实是一个可以颠覆世界历史的新兴技术，它的存在，可以让世界金融更加低成本，更加有效率，更加公平。那一刻，我很兴奋。自从实现财富自由以来，我很久没有这样兴奋过了。

房产投资我已经玩得炉火纯青，想要在里面赚钱非常容易，但是它能带给我的仅仅是财富的不断累加，我不认为我是在做一件改变历史的事情。我从小读着名人传记长大，受书中人物的影响，很早就立志要做一个改变历史的“大人物”。

中学时代，我受偶像毛泽东的影响，立志要做一名有情怀、大格局的政治家。在当时的我看来，做生意仅仅能够带动自己和自己身边的一小部分人富起来，而从政是可以造福一方乃至一个国家的伟大事业。因为高考的失利，我选择了读心理学，我认为要想做事先得做人，只有自己的心理健康了才能成就一番大事。后来，受条件所迫，我做了很多小买卖，为自己赚取学费和生活费。无意间，我积累了大量的销售经验，之后便在销售的道路上越走越远。销售房产的确让我赚到了很多钱，但，这并非我人生的终极目标。毕竟，我刚过而立之年，人生还有大把的时光可以为了梦想拼搏。

2013 年之后，我便把主要精力从产房中抽离出来，放在寻找实现人生梦想的契机之上。这个契机会是什么呢？这个问题我思考了很多年。曾经我想去做互联网，为此我在 2016 年专程回国找同学谈互联网投资合作事宜，但后来发现互联网创业的风口基本上已经过去。在互联网的红海中，产业的界限和竞争规则早已为人们所知。随着市场空间的日渐拥挤，利润和增长的前景也就越来越黯淡。与其在残酷的竞争中撞得头破血流，不如开拓新的市场蓝海。在蓝海中，游戏规则还未制定，竞争也就无从谈起，而参与制定游戏规则的企业就有机会脱颖而出。2017 年，投资加密货币，让我看到了这片亟待开发的蓝海——区块链。我认为，区块链必将成为继互联网之后的下一个创业风口。

那时候，李克强总理提出的“大众创业，万众创新”的口号火遍全中国，中国成为全世界创业者的乐土。我去过世界上很多个国家，我相信如果不受条件限制，很多人都会选择居住在欧洲，创业在中国。我们中国人勤劳、踏实、肯干，是一个自力更生、勇于奋斗的民族。并且随着中国经济的飞速发展，中国人越来越喜欢拥抱世界、拥抱变化。所以，从任何一个角度来说，中国都非常适合创业。于是我做出决定，二次创业必须回到祖国。

2017 年 8 月，我开始大量接触国内的区块链创业者。通过同学的介绍，我认识了链上科技的 CEO 钟庚发，他曾是 PP 租车的 CTO。钟庚发请我们一家人吃饭，席间向我介绍了他的公司，并报出他的估值。我当时十分不解，一家刚刚成立的公司，员工都没有几个，甚至连独立的办公室都没有，凭什么上来就做出千万级别的估值？那时候链上科技还和金色财经在一起办公，而我连金色财经是做什么的都不清楚。后来才知道，金色财经是国内区块链行业做得最大、最专业的媒体网站，老板杜均还是火币网的联合创始人。过了一年后，听业内的朋友说，那一年钟庚发的交易系统卖出去有数百份，每份售价几百万，还有后期每个月的维护费，分成收入，算下来，他赚了 10 个亿都不止。我才恍然，一年前钟庚发与我报出的估值非但没有夸大，反而是十分保守的。因为不懂，我浪费了一次绝佳的投资机会。

很快我又见到了火币网的总裁助理 Tyler，并通过他联系上了他们的COO朱嘉伟。因为最初我对开交易所十分感兴趣，我一家人和朱嘉伟、Tyler在火币网的良盛大夏二楼餐厅的包间里，聊了一些在迪拜合作成立交易所的相关合作。由于后期我的重心转移到了开发加密货币上，合作也就不了了之了。

再后来，我和OKCoin的联合创始人雷臻见了面。雷臻想做一个Bibox的项目，一年后Bibox成为排名前20的交易所，一度曾排至前10，跻身交易平台的第一梯队，而当时Bibox还未出世，它只是雷臻脑子里的一个想法。我问他，公司的交易估值是多少，雷臻告诉我说，估值一个亿，如果我能投1000万给他，就能拥有10%的估值。

说到交易所，坊间有传闻，2016年OKCoin的利润是28个亿，而火币网远不止这些，最高点时的利润一天就能高达1000万美元。所以说，能成为头部交易所之一，意味着年收益几十个亿不成问题。当时我很心动，然而，思虑再三，我还是未能下定决心。这一次，我又错失了成为Bibox合伙人的机会。

区块链的火爆，引发了行业的狂热。2017年上半年，我几乎每天都会听说新的项目，看到新的白皮书出现。直到2017年9月4日，央行、网信办、工信部、工商总局、银监会、证监会、保监会等七部门出手正式叫停ICO融资。我联系上朱嘉伟，问他“94”是不是真的，朱嘉伟告诉我确有其事。之后，交易所的代币出现断崖式下跌，最高跌幅超过90%。国内数百家相关机构关闭，币圈大量投资者一夜间损失巨大，甚至血本无归，恐慌情绪蔓延。

“94”之后我做了一个大胆决定——加仓比特币！我给我的合伙人打电话说，区块链是一个大的趋势，现在是上路的好时机，拦都拦不住！国家政策的出台，清理出很多劣币和伪区块链项目，这对于行业的长远发展是一件好事。行业的准入门槛提高，势必会促进一些优质的项目爆发。

曾几何时，互联网也遭受过这样的震荡。2000年互联网泡沫成灾，有很多投资互联网的企业倒掉，也有一些民间融资无法收回。我认为这些阵痛是不可避免的，任何一个新兴行业都要经历一个周期性的成长，在这个过程中优胜劣汰、去伪存真。

就像全球最大的合规数字货币交易所Coinbase的CEO扎克·艾布拉姆斯所说的，“几乎所有新技术都经历了长时间的磨炼：即偶然间被发现、不稳定的市场发觉期和前所未有的突破期。新兴技术都经历了这些周期：从被怀疑到真相大白，从毫无用处到无可替代，从夹缝中生存到无处不在”。

当下区块链技术正处于不稳定的市场发觉期，并即将迎来前所未有的爆发，直至深入人们的生活而无处不在。

我看好区块链领域的未来，这种意志不会因为行情的一时涨跌而产生动摇。我冷静下来思考这个行业的发展，钻研产品的逻辑，想为整个行业做一些不一样的贡献。那么，什么是好的区块链项目，它应该拥有哪些应用价值和应用场景呢?

2018 年 5 月，迪拜举办世界虚拟货币论坛，我作为华人代表被邀请去做论坛的主讲嘉宾。面对上千名来自世界各地的与会者，我讲了这么一句话，我说:“比特币，你别问它

我在区块链峰会上演讲

2018 年，应迪拜皇室阿瓦德王子殿下邀请，我率领原子能房产的部分员工参加沙漠耐力挑战赛。选手要在 40 摄氏度的高温下光脚在沙子上竞跑，因为太烫，很多人没走两步就放弃了，我坚持走完全程，并且夺得了小组第一名。坚持还是放弃就在一念之间，我能坚持下来，首先因为放弃不是我的个性，其次我是场上为数不多的中国人，我想让大家从我身上看到中国人的顽强和坚韧

今天多少钱一枚，它将来一定会 2 万美元一枚、3 万美元一枚、5 万美元一枚，甚至 100 万美元一枚。不要奇怪，那非常有可能！”但同时我还说了另外一番话：“比特币，它毕竟是一个实验品，不是一个完美的产物。它就像第一辆车，这个概念是一个伟大的创举，引发颠覆性的改革狂潮。发明第一辆汽车的卡尔·本茨是一位德国机械工程师，他将自己研制的单缸汽油发动机安装在三轮车架上，造出一辆不用马拉的三轮车，世界第一辆汽车就此诞生。但这辆汽车没有减震，坐着屁股疼，还经常抛锚，排放的尾气也很刺鼻。所以说最好用的车并不是第一辆车，最好用的车需要一个企业家领导一群造车匠，其中包括发动机工程师、电气工程师、外观设计工程师，以及流体动力学工程师等，这些工程师集合在一起把这辆车造出来，此外还需要凝结采购、物流、仓管、销售、市场、品牌、财务、行政等各种人才。最好用的加密货币肯定不是比特币，就像最好用的车不是第一辆车，是一个道理。最好用的加密货币应该是在前面那些加密货币的基础上所研发出来的加密货币。能做成这件事的人必须是一位杰出的企业家，他集合一帮技术极客，他们懂编程、懂代码，一群经济学家，为加密货币设计良好的生态模型和落地应用，还有众多产品经理、架构师、市场推广人才、销售人才、财务人员等，共同制造出一个新的货币体系。这个货币体系所产生的加密货币，才是真正的数字黄金。所以说，将来这种货币出来以后，比特币的价值就会越来越低，从100万美元变成50万美元、30万美元、10万美元，最后可能变1美元一枚。这，就是价值规律。”我的这些话一出，台下报以热烈的掌声。很多人认为我的话一定会应验，不过是时间的问题。

我用过比特币、莱特币、以太坊、瑞波币等很多种加密货币，我发现这些加密货币都很优秀，但都属于早期阶段，还有许多地方需要改进。一个真正能做到零成本流通、秒即到账、符合监管、使用便捷，并且拥有极大价值支撑和极大应用场景的币还未出现。所以，这就是我们创业的风口。这个风口不属于技术机构，它应该属于企业家。这个企业家一定要具备优秀的品质，前瞻性的战略眼光，以及超强的意志力，能够运用战略家的头脑和思维把握企业的未来发展方向，并且能在复杂多变的形势下顶住压力，尤其是当被别人说成是骗子的时候，还能继续往前冲。

你只要做事，就会有人看，有人支持，必然也有人反对。2017年，我被老家一个上将后代的助理邀请进入北京兴国商会。虽然我人在迪拜，公司也在迪拜，但每次商会组织捐款，我都是捐助最多的那个人。商会的会长看到后，主动邀请我正式加入北京兴国商会。我说：“我人在迪拜，公司也在迪拜，加入北京兴国商会怕影响不好。如果哪天我回到北京，会很愿意加入这个组织，为大家做一些力所能及的事情。”出于乡情，我回国后，和商会的老乡讲加密货币的趋势。一是向他们普及知识，邀请他们一起参与社会变革；二来也想号召一些人才共同创业。我万万没想到，商会中有人把我当成是骗子，说我竟然连老乡都骗，反对者中还不乏创投公司的老板。我觉得这事有些滑稽，2014 年我把向我介绍比特币的那个人当成是骗子轰了出去，没想到四年后，我也遭到了同样的待遇。

此后，我在北京兴国商会里闭口不谈我的事业。包括后来被选为北京赣州商会的常务副会长并兼任北京赣州企业商会朝阳片区区长，我也不讲区块链的事情。有老乡曾在公开场合问我：“廖总，你是商会的常务副会长，又是区块链行业的创业先锋，能不能带领大家用区块链致富？”我跟他说：“这是一个巨大的商机，但这又是一个有争议的行业。我进入商会不是来讲区块链的，也不是来讲我项目的，而是想认识各位优秀的乡贤的，我认为大家之间最好不要有利益接触。我可以告诉你们，它是一个风口，你们如果认可，可以自行百度，没有必要由我来讲。因为加密货币是一个有风险的事情，我讲得好了，你们因此去做了投资，挣到钱，那是你们眼光好，不会付给我一分，赔了钱反而会说我是个骗子。如果我讲原子币，你们就更认为我是骗子了。所以我不讲，你们自己去了解。大家在达成共识的前提下，再整合资源谈合作。”

达成共识非常重要，它是一个团体紧密合作的前提，也是一个物品之所以被称之为“货币”的根源所在。原始社会，人类将贝壳作为货币；在太平洋西部的雅浦岛上，居民只认为石头存在使用价值；人类社会向前追溯五千年，我们的先辈开始使用黄金作为一般等价物；由于黄金存在运输不便，易磨损等弊端，人类又发明了纸币。贝壳、石头、黄金、纸币这些东西之所以被视为“货币”，原因无非在于人们相信它是货币，无论它是什么形态，都可以买到东西。群众的共识赋予了“货币”价值，加密货币也是如此。

随着社会的发展，人类手中的货币逐渐从有形的实物变为一种记账方式。过去我们的长辈普遍都有一种想法，认为把钱存在银行不安全，压在箱底才最安全。之后，越来越多的人开始接受看不见的货币了。存在银行的钱变成了一张银行卡，人们刷卡支付。到如今连银行卡都不需要了，我们出示手机微信零钱包里的一串数字便可以进行支付。钱没有实际掌握在你的手里，只是存在于网络中，但它就是属于你。人类之所以相信这种无形的记账方式，是因为有国家信用为金融机构背书，带给我们一种安全感。基于区块链技术的加密货币本质上就是一种记账方式，它不依赖于机构存在，但比任何机构都安全可靠。所以这就是为什么加密货币看不见摸不着，却有庞大的市场价值的原因。

2014 年的时候，我不相信比特币，到今天我是加密货币的坚决拥护者。而且我发现，很多行业的精英翘楚不断地加入这个行列中来。这其中就有我在火币大学的校长于佳宁，他曾是工信部工业研究所所长，辞职去做区块链教学。我们火大还有一位老师孔华威，他同时也是中科院上海计算机所的所长。在我的朋友圈中，还有快的打车的创始人陈伟星，他现在是滴滴打车的合伙人；我在斯坦福大学结识的 David Tse 教授，他是美国工程院院士，还是香农奖的获得者，他们和我一样都立场坚定地支持加密货币。

所谓“志同道合方为谋”，当身边聚集起越来越多的有志之士，我发起成立了我们自己的社群——IMFO（International Monetary Freedom Organization，即为国际货币奋斗社群）。这个社群有中国人，有美国人，还有新加坡、加拿大、马来西亚、沙特阿拉伯、克罗地亚、斯洛文尼亚、巴基斯坦、印度等国的人，他们中有硅谷的高科技人才，有资产亿万的老板，也有偏远山区的支教老师，还有带孩子的全职妈妈。在这里，懂技术的贡献代码，有资源的共享资源，懂宣传的努力宣传，有时间的提供志愿服务，大家都希望尽一己之力参与到区块链改变历史的变革中，做一个可以点亮世界的小原子。

比特币自2009年问世以来，已经走过了十多年的历程。这十多年来，大众对比特币的讨论的焦点已从比特币是不是骗局转移到分析比特币能否成为未来的主流货币之上。我投资加密货币至今，手上持有众多的比特币、莱特币、以太坊等各种加密货币，未来还会投入更多。因为我看好加密货币的未来，并且愿意付诸行动推动加密货币前行。

苹果公司的CEO库克曾说："如果你希望改变世界，你就要找到自己无畏的那一面。这种无畏并不是觉得完全无所畏惧，而是即使不知道这条路会把你带向何方，也要迈出第一步。"现在，我十分确信，加密货币就是我无畏的力量！无论前方是天堂还是深渊，我都甘愿为之奉献毕生的热情与汗水！

6.2

加密货币为世界提供了美元之外的选择

2008 年 9 月 15 日，美国第四大投资银行雷曼兄弟由于投资失利，在谈判收购失败后宣布申请破产保护，引发了全球金融海啸。金融危机之后，世界市场对于美国金融的体系丧失信心。这时候，一个化名“中本聪”的神秘人和他发明的比特币横空出世。

2009 年 1 月 3 日，中本聪在位于芬兰赫尔辛基的一个小型服务器上挖出了比特币的第一个区块——创世区块（Genesis Block），并获得了“首矿”奖励——50 个比特币。在创世区块中，中本聪写下这样一句话：“The Times 03/Jan/2009 Chancellor on brink of second bailout for banks.”意为财政大臣处于第二次援助银行的边缘。

中本聪的这句话带给人们很多猜测。由于比特币诞生于金融危机后不久，又因为其不受央行和任何金融机构控制以及不可增发的特点，被很多人视作继黄金之后能更好地抵御全球流行性风险的对冲工具。当然也有反对者提出，比特币和金融危机的撞车不过是偶然，它是点对点交易技术和加密币技术发展到一定历史阶段的必然产物。无论两方观点哪一方成立，不可否认的是，比特币在金融危机之后，蓬勃发展了起来。

比特币为何能够迅速普及开来，占领市场呢？这和美国凭借着对美元清算权的掌控称霸世界无不相关。

美元霸权之所以形成，离不开布雷顿森林体系。1944年，美国邀请参加筹建联合国的44国政府的代表在该国新罕布什尔州布雷顿森林召开联合国国际货币金融会议。过去的20年间，国际货币体系分裂成几个相互竞争的货币集团，各国货币竞相贬值，动荡不定，此次会议的目的在于构思和设计战后国际货币体系。当时，英美两国政府出于本国利益考虑，分别提出了“凯恩斯计划”和“怀特计划”。

在英国著名经济学家凯恩斯设计的世界货币方案中指出，由国际清算同盟发行统一的世界货币，货币的分配按照二战前三年的进出口贸易平均值计算。而美国代表团的团长怀特则力主强化美元地位，主张设立一个国际稳定基金组织发行一种国际货币，这种基金货币要与美元和黄金挂钩。怀特凭借战后美国拥有全球四分之三的黄金储备和强大的军事实力，力挫凯恩斯，赢得话语权。

会上决议通过了新的国际货币制度，实行美元—黄金本位制，美元成为国际储备货币和国际贸易结算的支付手段，规定各国政府按照 35 美元等于一盎司的固定比价，随时向美国用美元兑换黄金。各国货币的汇率严格与美元挂钩，上下浮动不超过 1%，自己不得随意贬值或升值，各国中央银行有义务在外汇市场上进行干预以保持汇率的稳定。如此一来，美元成了关键货币。

美元在国际货币体系中的霸主地位给美国带来巨大利益。

首先，美国可以不受限制地向全世界举债，但是它偿还债务却是不对等的或者干脆是不用负责任的。因为只要美元国际结算货币的地位不倒，外国政府永远需要美元储备，美国欠下的债务就永远不必归还。理论上说，是“只需付息，不必还本”的债务，但其实利息也不必付，因为通胀或美元贬值会自然蚕食掉利息率。我国是世界上外汇储备最多的国家，2018 年已经高达 3 万亿美元，如果美国利用美元每年制造 10% 的通货膨胀，我国的损失将是 3 千亿，相当于每年送一个阿里巴巴给美国。

其次，通常情况下，当一个国家的国际收支出现逆差时，一般要进行经济政策的调整。而美国不必这样做，它可以心安理得地通过印刷货币、增加美元供应量来解决本国外贸逆差，将通货膨胀转嫁给其他国家。这正是战后美国虽然经历了数十年的高额财政赤字却依然能保持经济状况稳定的主要原因。

再有，美国通过美元获得巨额的铸币税。美元是国际结算货币，所以只要有人做国际贸易，就需要上贡自己的东西给美国，从而得到美元。这就相当于美国只要开动印钞机，就可以支配相当于美元面值的他国实际资源，包括进口和购买他国企业。

从前帝国主义是这样来抢劫的，他用枪抵住你的脑袋，说：“把你圆明园的珍宝给我，要不然我一枪崩了你！”现在不是这样的，他会说：“把你圆明园的珍宝给我，我把一沓美金给你。”帝国主义原来的抢劫方式很野蛮，烧杀抢掠，被抢劫的人很痛苦。现在换了一种“文明”的方式掩盖了张牙舞爪的狰狞面目，我们很开心地接受了，用我们的珍宝换回一沓纸。但是我们很少会意识到，这沓纸是几乎没有成本的，它可能是美联储随意增发的一串数字，甚至连印刷都不需要。

我们中华民族是勤劳智慧的民族，中国人通过劳动创造了大量财富。中国每年出口大量的机电产品、汽车、手机、服装、玩具等到世界各地。2018 年，我国的实体经济总值 6.5 万亿美元，美国的实体经济是 3.97 万亿美元，只占我国的二分之一，然而美国的人均 GDP 却是我国的五倍之多。这些数字说明什么？这说明，虚拟经济乃美国经济的重要支撑，它只需要玩转金融和金融衍生品，就可以轻松获取其他国家人民的劳动成果。

美元的中心地位给美国带来如此多的好处，所以维护美元在全球的霸主地位成为美国的最高利益所在，也成为美国对外一切行为的根本出发点。美国的对外行为，无论是经济还是军事，最终都要归结到这个最根本的利益点上。

1997 年金融风暴席卷亚洲，美国利用金融衍生品将亚洲大量财富收割囊中，此前一片笙歌的亚洲进入了万户萧疏的时代。全世界目睹了美国金融霸权和美元霸权的强大蛮横，欧洲坐不住了。欧盟 11 国成立了欧元区，欧元在 1999 年 1 月 1 日正式流通。

欧元方便了欧洲各国的贸易往来，但对美元的霸权地位带来前所未有的挑战，阻止欧元崛起就成了美国的一个难题。科索沃危机让美国看到了这个机会。1999 年 3 月 24 日，以美国为首的北约空军轰炸塞尔维亚，引发科索沃战争。科索沃战争把欧洲变成了一个不安全的地区，资金不得不加速从欧洲和欧元区撤离，欧元一路暴跌。亚洲刚刚经历了金融危机，欧洲打来打去，还是美国安全、美元稳定，资金如愿疯狂地流向了美国和美元。

2001 年，恐怖组织袭击美国，制造了震惊世界的“9 · 11”事件，打破了美国最安全的神话。而此时的欧洲已经恢复科索沃后的平静，国际资金开始大量转向欧元。资金的加速撤离逼迫美国公司的欺诈行为浮出水面，安然、安达信、施乐、朗讯科技、世通这些大跨国公司都在做假账，最后都纷纷倒下。美国面临着资金大规模外逃，美国经济神话破灭。

“9 · 11”事件之后，美国不顾联合国坚决反对，一意孤行攻打伊拉克。2003 年 3 月 20 日，英美联军使用最先进的新式武器向伊拉克发动大规模空袭和地面攻势，伊拉克战争爆发。

当时的美国总统乔治 · 布什发表讲话，宣称推翻萨达姆政权。美国人为什么这样痛恨自己一手扶植起来的萨达姆，非要将其置之死地而后快呢？原因真的是像美国所说的，发现萨达姆在伊拉克发展大规模杀伤性武器吗？其实不然，战后已经证实这是美国为一己之私撒的一个谎言。萨达姆真正令美国触怒的是，他在2000年11月通过政府决定伊拉克要把石油由美元结算改为欧元结算。萨达姆的这一决定，威胁到美元世界货币的霸主地位，美国担心如果全世界的资本市场和金融市场进行效仿，美国就失去了控制世界经济的工具。这才是伊拉克战争的真正由来。

美国虽然在伊拉克战争中获胜，但也为此付出高达7630亿美元的战争军费。此后，美国国债、财政赤字和贸易赤字放大。如何挽救这一紧迫的经济形势？美国政府将目光落在房地产上。美联储采取了宽松的货币政策，不断降息，降低贷款利率，鼓动所有的美国人买房，包括美国穷人。房地产的虚假繁荣引发次贷危机，终于在2008年爆发波及全球的金融危机。

当全世界各国都在承受金融危机带来的沉重损失，一些国家政府要面临着破产的危险时，制造这场危机的美国却从容地打开了印钞机，印出满足美国政府需要的真正美元来保证国家机器正常运转。这正印证了尼克松时期的美国财政部长约翰·康纳利所说的那句话："美元是我们的货币，却是你们的问题。"

全世界的公民受够了美元剥削，前所未有的渴望有一种比美金更好用的国际货币出现。此时，加密货币出现了，比特币诞生！

比特币自问世那天起就是冲着国际货币而来的，至少在两大领域直击美元的软肋：一是比特币是去中心化的无主权货币，不受央行和任何机构控制；二是比特币的总数量有限，将被永久限制在2100万个，不可随意增发。由于比特币是一种点对点的电子现金系统，其产生和流通依赖于区块链技术，因此它可以让金融更加公平。这就是为何比特币能迅速发展，被市场认可的内在根源。

此外，比特币还有不受国界限制、易流通、交易成本低的特点。当今社会互联网的发展把全世界的公民联系起来，形成了一个地球村，人与人之间的距离越来越小，沟通越来越便利，而金融却远远跟不上发展的脚步。比如我要在迪拜转笔账去西班牙，首先要到迪拜银行填写单据，之后再买汇，银行再进行审核，审核完成钱才能到账。这笔钱要经过阿联酋央行，到欧洲央行，然后再到欧洲的某个银行，其中涉及很多审批环节，这些环节都是人工操作的。人工操作既浪费人力又缺少效率，并且我还要为此支付一笔不小的手续费。如果这笔钱是用来投资的，等3到5个工作日钱到账后，很可能投资机会不复存在了；那如果这是一笔救命钱，试问一个垂危的生命能经受得起漫长的等待吗？

2018 年，比特币黄金创始人廖翔（右一）到我迪拜的家中做客

我们知道，审核的意义在于保障资金的安全，这是现存的货币无法解决的痛点，而比特币让我们看到了希望。比特币使用整个 P2P 网络中由众多节点构成的分布式数据库来确认并记录所有的交易行为，并使用密码学的设计来确保货币流通中各个环节的安全性。我们用比特币转账只需要花三分钟甚至更短，用莱特币可以控制在一分钟之内，用瑞波币仅需几秒钟，将来用原子币可能就是一秒钟到账，并且成本极低，几乎为零。

比特币是加密货币的先驱，但它不一定是世界上最好用的加密货币。比特币在日益受到追捧的同时，也暴露出弊端：比特币每秒只能处理 7 笔交易，注定它无法在实际场景中被广泛应用，要知道 VISA 卡的处理速度已经达到每秒 2000—7000 笔交易；比特币存在被 51% 的算力攻击的风险——如果出现单个算力或者一个组织的算力超过全网算力的 51%，那么意味着其可以对全网进行攻击。一旦攻击成功，黑客们就能在比特币网络里实现“双花”，即一分钱花两次或者多次；比特币交易中的匿名性，被不法分子当成洗钱的工具。

那么有没有一个更好用的加密货币呢？一定有。很多人把以比特币为代表的 P2P 形式的加密数字货币称作 1.0 时代；

以太坊作为一个平台和一种编程语言称为2.0时代；而EOS是一种类似操作系统的区块链架构平台，旨在实现分布式应用的性能扩展，被称作3.0时代。

原子链（ATOSHI）站在巨人的肩膀上出发，将致力于打造一种秒级到账、零转账费用、符合监管的区块链网络。用户可以借助指纹、人脸等多种生物手段，使用原子链提供的跨链多币种钱包。原子链同时也是一个去中心化的windows操作系统，利用分布式存储为用户提供价值服务。ATOSHI由开曼原子基金有限公司运作，在网络中引入原子币（ATOS）作为价值传递的基础工具。我们相信，在不断的技术更迭中，未来加密货币必将进入4.0时代，ATOS的目标是成为这个时代的代表。

原子币的定位是国与国之间使用的货币。我们认为，世界各国应当继续维持和遵守主权货币规则，国家只有掌握了货币的发行权才能使国家主权稳定，经济政策行之有效，但在国与国之间需要一个非主权货币来提供服务，从而保障各方的公平公正，而不应该使用某一国发行的货币来提供国际服务。

而且这种基于区块链技术下的国际结算货币，允许多个币种存在。除了我们非常熟悉的比特币、莱特币、以太坊，将来还有原子币以及其他加密货币，人类可根据自身需要自由选择。比如，部分人有匿名的需求，部分人有低交易手续费的需求，部分人有快速转账的需求，部分人需要实名，因为他觉得匿名不安全。这就像选车一样，内心年轻的人喜欢劳斯莱斯，追求新潮感、科技感的人喜欢特斯拉，低调的人喜欢奥迪，当然也有人喜欢沃尔沃，因为沃尔沃安全。多种加密货币共存，让市场自由竞争，在良币驱逐劣币的生存态势下，加密货币必然会不断创新技术，为人类提供更加优质的服务。

这个设想一旦实现，加密货币便能给金融注入新的活力，让金融更好地服务于实体经济，发挥资源配置、产业结构调节以及科技创新等方面的推动作用。实体经济有了强劲的发展又能反过来为金融提供新鲜的血液和更高的发展空间。金融和实体经济这对孪生兄弟相辅相成，共同推进人类社会进步。

理想很丰满，那么落在实处应该如何操作呢？

加密货币因为价格波动巨大，被不少人诟病。大量炒家介入，导致加密货币兑换现金的价格如过山车一般起伏，因此大众普遍产生一种误解，认为加密货币只适合投资，而不是交易。我认为，人类对加密货币的认知和对黄金的看法如出一辙。最早原始人并没有把黄金作为等价交换物，随着人类交往范围越来越宽广，六七千年前黄金终于作为货币被认可，此后的几千年间人类找不到更好用的替代品，所以黄金成了硬通货。黄金在成为货币的早期阶段也经历了巨大的价格波动，而最终落在了一个相对稳定的范围之内，直到今天依旧被当作是最硬核的避险资产。加密货币在经历过一个阶段的价格涨跌之后，最终也会稳定下来，这是时间问题，历史会给出答案。

比特币有着黄金的优点，如数量有限、不可再生、不可复制、不可伪造，而没有它的流动性差、不好分割、不好保管这些缺陷。此后的加密货币大多也都遵循着这些原则。加密货币比黄金更符合现代人的需求，从而使得它成为硬通货变得可能。然而如何使其流通于广泛的人类生活中，这还要取决于它背后的实际应用。如此一来，研究加密货币的应用价值和应用场景成为原子链的工作重心。

为此，原子链设计出以下十年规划的生态体系：

1. 原子币。原子链将全力推动其价值传递工具原子币（ATOS）进入世界主流加密货币行列。原子链在以太坊网络上发行通证，然后用通证建立各种落地应用，在应用中推动原子币。2019 年 6 月，比特币市值 8600 多美元，折合人民币 6 万一枚，我买入价值 100 万的比特币，只有 20 枚不到。时间来到 2021 年 3 月，一枚比特币的市值冲到 6 万多美元。原子币一旦跻身主流加密货币行列，价值将不可估量。

2. 原子恋商城。未来加密货币要想获得更大的发展空间，需要回归货币的本质，即实现货币在商品交换过程中的价值。为此，原子链大胆做出第一步尝试：将区块链技术与电商相结合，打造出自己的网上商城——原子恋商城，用户在原子恋商城消费，平台赠送原子币和算力。

早期原子恋商城邀请商家免费入驻平台，要求商家所售商品的价格不得高于京东、淘宝等几大主流电商平台上的价格，一旦发现价格虚高，将要求采购部下架该商品。原子恋不但是一个独立的商城，还与其他电商合作，目前已经接入天猫、京东、拼多多、好物聚等多个购物平台，用户可以通过我们的应用程序 Atoshi 搜索任何他们想要的商品，这些商品在以上购物平台上的价格将同步显示，用户无须再挨个搜索比价，即可享受最优的价格，并且在原子恋商城还可以领到一定的优惠券。和社交领域的一家独大不同，电商领域是多家共存的生态体系，因为卖家都想利用更多的平台为自己卖货，而买家会根据需求的不同选择不同的电商平台，用户在原子恋商城购物，享受低价购物的同时，还可以得到相应价值的原子币和算力。基于此，原子恋将打造出用户和商家都喜欢的良好生态，闯出广阔的生存空间。

原子恋商城上线第七个月，用户量达到 300 余万，APP 每日启动次数超 600 余万次，商城每日付款近 40000 笔，日收入突破百万元。用户的支持证明，我们的探索已经发展出了一个良好的商业生态，而且随着技术和平台影响力的不断提升，我们将逐步完善各个环节，为用户提供更好的购物体验。原子恋商城用区块链为社交电商插上翅膀，为拉动国家 GDP 贡献力量，日后随着用户的不断增多和商城的日益强大，真正做到用区块链技术为实体经济赋能。

3. 原子链支付。原子链将基于区块链网络推出自己的支付工具，利用生物识别手段来保障支付的安全，提高用户使用的便捷性。用户也不再需要记复杂的助记词，只需要验证指纹、刷脸就能完成交易。

为了保障系统安全，比特币设计之初采用了公钥 / 私钥的密码学原理，也叫非对称加密学。如果用户想要使用比特币，必须要记住一串私钥。私钥毫无规律可言，记忆难度非常之大，一旦忘记，那么地址里的比特币将永久无法找回。这样的好处是既保障了用户的隐私，又保障了系统的安全。它的缺点是用户使用门槛高，体验不够友好。现在，中国人购物喜欢使用微信支付、支付宝支付，随着时间的推移，这种便捷支付方式将被更多的人所接受。

原子链支付工具通过与国际交易市场以及银行、交易所展开合作，来实现用户随时随地轻松兑换各种货币。它除了支持原子币支付之外，还将支持跨链支付，支持各类主流法币和加密货币。由于加密货币具有天然的跨国界、跨地域的特性，在国际支付、跨境交易场景中非常适合。这样的话，原子币支付工具比支付宝、PayPal 还更加具有优势。例如，以后到美国旅游，到迪拜购物，只需拿原子币支付即可。当你需要用美元时，也可以很方便地将手中的加密货币兑换成美元和其他国家的货币。

网上商城兴起之后出现了介于商家、银行与消费者之间的第三方支付，淘宝有支付宝，京东有京东支付，原子恋商城已经引入了原子链支付。原子恋商城向第三方开放，入驻商家在平台所产生的每笔交易将在原子链支付中沉淀十五天左右，这个资金量很巨大，未来有可能达到百亿千亿，这笔钱只是放在银行不动，按照年化活期利息 5% 计算，收益也相当可观了。

此外，原子链支付还将广泛应用于原子链游戏、原子链出行等各大生态板块。

4. 原子链游戏。原子链现已自主开发出多款游戏供用户休闲娱乐，如“成语”、“知识答题”、“消消乐”等。未来还将逐步扩大规模增加品类，满足不同用户的喜好。用户在玩游戏的同时，还可以享受平台赠送的原子币，因此用户的粘度非常大，留存远超其他同类型产品。游戏是互联网行业一个主要业务版块，国内互联网知名企业都有游戏相关业务，腾讯 3 万多亿规模的市值，其中半壁江山来自游戏收入，可见游戏市场之广阔。目前我们有 600 多万用户，假如每天有 1% 的人在玩游戏的过程中贡献出 10 元钱，那就是 60 万一天的收入，而且这个数值将来还会继续增多。

5. 原子出行。原子出行功能已经推出，原子链与同程、艺龙等各大出行平台合作，满足用户订票、订酒店、购景点门票等需求。用户在原子出行上订票不但可以享受优惠的价格，还能收到相应价值的原子币赠送。这种合作模式同样适用于打车等与日常生活息息相关的场景，深入用户生活的各个方面。

6. 链上鉴证。区块链具有时间戳，拥有不可被篡改、永久被保存之特性。基于此，原子链用区块链技术开发出链上鉴证。链上鉴证为区块链版权确权和去中心化版权收费授权，任何文字、图片、影音作品都可以用区块链的不可篡改性证明他的创作权，如果要引用，可用原子币支付之后，自动开放授权。

比如，一对相爱的恋人在链上鉴证许下誓言，这份誓言将永久被保存于历史长河之中，比钻石还要恒久。再比如，一个小说家将其作品上传至链上鉴证，他无须再去版权局登记，便可以证明他是这个小说的拥有者，而著作权一旦被侵犯，这份有力的证据将为维护他的合法权益提供有效支撑。当然这个小说家也可以为使用者授权，获取一定的收益。

7. ATOSHI 数字资产交易所。在用户达到一定规模之后，原子链将在国外成立自己的交易所。原子恋商城用户导入 ATOSHI 数字资产交易所，交易所上线即可拥有诸多用户和活跃度，这为我们冲击全球第一大交易所提供了可能性。

8. 开发独立品牌商品，其中包括原子恋和 ATOSHI 奢侈品。

原子恋品牌定位于中高端，现已推出的商品有服装、茶品、运动装备等。原子恋商品要求质量过硬，价格合理，满足普通大众的日常生活需求。比如，原子恋篮球品质对标斯伯丁，同等价位的篮球，在用材和手感上原子恋还要略胜一筹。

ATOSHI 定位于奢侈品牌，致力于打造民族的企业，世界的品牌。奢侈品作为财富和地位的象征，向来追捧者不断。LVMH 集团的掌门人伯纳德·阿诺特就凭借 Dior、LV 等奢侈品牌成为世界十大首富之一。中国人是奢侈品强有力的购买者，2019 年全球奢侈品行业研究报告指出，中国籍消费者对全球个人奢侈品市场持续性增长的贡献率达到 90%，而且该报告的发布者贝恩公司预测，未来随着中产阶级规模的不断增大，尤其在亚洲，奢侈品市场还将呈现更高的增长态势。我们中国缺少自主开发的民族奢侈品牌，ATOSHI 将努力填补这一空白。未来 ATOSHI 品牌将推出品类丰富的商品，还将入驻世界各大名品店，如中国的万达广场，迪拜商场，巴黎老佛爷等，增加品牌影响力。购买 ATOSHI 品牌商品的用户除了会获得一笔与价格相应的原子币之外，还有机会参加原子链集团组织的游艇会、私董会。

9. 开曼原子投资基金。我们计划，原子币全球出售得来的资本，除去研发和运营费用，剩余资本的 50% 用来投资各种加密货币，20% 做天使投资，30% 投资高潜力股票和房产。投资的主要目的在于推广原子币的应用价值，形成三百六十行行行使用原子币的场景。

以投资独角兽企业为例，比如，投资国外的约会网站 Tinder，原子投资基金作为 Tinder 的股东，投资协议要求

Tinder 接受原子币支付。Tinder 的用户来自世界各地，会员可以用美元支付，也可以用人民币支付，还可以用比特币支付，但只有用原子币才可以享受折扣。用户为了追逐低价，必然会选择原子币。这样一来 Tinder 的用户变成了原子链的用户，对原子币产生了共识，原子币便有了使用价值。原子基金使用得来的资本再去投资更多这样的公司，原子币价值推广的范围必然越来越大。此外，投资 Tinder 这种高潜质的公司，每年的投资回报率也颇为丰厚，这部分收益可以用来在市场上回购原子币。原子币的价格上涨，势必令其受到追捧，持有者也会日益增多。

我们知道，一种货币能不能用来买东西，不是由它自身的价值决定的，而是你身边的每一个人是否相信这种货币和这种货币能否流通，毕竟流通产生价值嘛。如果大家都相信这种货币并且流通起来，不论这个货币是什么形态，都可以用来买东西。所以，当原子币被越来越多的人认可，它变成世界的第三级货币就成为可能。这就实现了诺贝尔经济学奖的获得者哈耶克在《货币的非国家化》一书中提出的设想——让货币在世界范围内自由竞争，那些在竞争中生存下来的货币，才是国际贸易中真正需要的“世界货币”。

在我们的规划中，原子链是一个大的立体的生态体系，打造这个生态体系将会是一个漫长的过程，为此我将全力以赴来实现这一愿景。

愿景的实现，首先离不开强大的技术支撑。为此，我向斯坦福大学的教授 David Tse 请教如何让原子链实现技术上的突破，跟图灵奖的获得者 Whitfield Diffie 交流，为我们区块链技术的研发做好技术上的铺垫，邀请国内顶级网络安全专家、资深软件设计专家、技术极客等一批人才加入原子链团队，参与原子链区块链网络技术研发。

愿景的实现，离不开员工的勤劳奉献。原子链用区块链赋能电商，商城于 2019 年 5 月 25 日上线，在过去的一年多时间里，原子链 ATOSHI 团队攻克了一个又一个技术难题，突破了一个又一个业绩目标：实名认证完成了从最初的人工认证，到银行卡认证，再到刷脸验证的大跨越；APP 从原子恋自营商城，扩大到跟淘宝、京东、拼多多、好物聚合作；业务范围从原子恋商城拓展到原子出行、原子链乐嘛短视频、原子链游戏，以及原子链广告。

为感谢并鼓舞员工，原子链制定出一套内部奖励制度：

年度激励——即员工入职第一年可领到 13 个月薪水，第二年 14 个月薪水，第三年 15 个月薪水，以此类推，时间越久收入越高；

我在员工激励大会上讲解公司的奖励机制

优秀员工激励——公司每年对员工进行评比，其中优秀员工奖励 3 个月薪水，超级优秀员工奖励 6 个月薪水，第一优秀员工奖励 12 个月薪水，另外赠送家庭海外豪华游。优秀员工三个人中选一个，超级优秀员工六选一，第一优秀员工三十人选一，每个人都有机会为自己而努力；

福利激励——原子链是一个崇尚健康的公司，我们认为拥有健康的体魄是一切工作和生活的前提，为此，公司将每周最后一个工作日的最后三个小时定为带薪运动时间。公司为员工选取场地，员工可以自由选择是打篮球还是踢足球，是踢毽子还是当拉拉队、唱歌。此外，每隔一段时间公司便会组织丰富的团建活动，让员工在赏花、踏浪、滑雪的过程中尽情享受生活，体验团队生活的归属感；

积分激励——员工每人每月有100原始积分，分值据工作情况增减，最多加30分，最少减30分，超过30就要仲裁委员会中的三个没有利益相关的人来决策。其中季度排名倒数第一者会被裁掉，连续两个季度倒数前三名也会被裁掉；

股权激励——股权与积分相关，工资乘以积分除以100，就是这个月能领到的股票份额。两年后，公司涨多少倍股票就涨多少倍。另外每个月还有股权分红，分红数额是股票价格的两倍；

绩效激励——优秀个人有个人奖，优秀团队也有团队奖。比如采购做得好，将享受采购奖，客服不出错，帮助用户解决问题多，将有客服奖。今后，公司计划将工资的30%纳入绩效，调动每个人的积极性。每个人都为了自己的利益向前拼，人才的潜质才能最大限度地发挥出来。

同时，我们将公司业务进一步细分为商城事业部、原子出行事业部、游戏事业部、小视频事业部、支付事业部、海外事业部、广告事业部等。每个事业部采用阿米巴管理模式，让每一个事业部的规模都能做到每年数亿的收入。

愿景的实现，更离不开用户的支持。原子恋在不做任何商业宣传的前提下，通过 IMFO 社群人员自发推广，上线七个月，用户已经突破 300 万，APP 每日启动超 600 余万次，商城每日付款近 40000 笔，实现日收入突破百万元的良好业绩。

为回报广大用户，原子链制定了外部激励法：

兼职销售——指上月推广业绩前 10% 的用户们。兼职销售将享受最高推广补贴，拿到 20%—30% 的奖励。

金牌销售——指上月直推业绩最高的用户们。每日总人数由当日总毛利决定，当日总毛利越多，金牌销售的总人数就越多。公式如下：当日金牌销售员总人数 =（当日总毛利 ×30%×50% —推广补贴）/168。金牌销售每天享受 168ATOY（与人民币 1 ：1 等值）奖励，公司业绩越好，金额越高。

绝地大师——指历史总推广业绩最高的用户们。我们将通过大数据抓取，不继续推广 ATOSHI 和管理团队的用户将无法获取该奖励。绝地大师的总人数由当日总毛利决定，当日总毛利越多，绝地大师的总人数就越多。公式如下：当日绝地大师总人数 =（当日总毛利 ×30%×50% —推广补贴 ）/188。

上：一年的时间，ATOSHI 团队从低谷时的 3 个人发展到 70 余人。图为 2020 年初，原子链 ATOSHI 团队成员合影

下：2020 年与铁杆 ATOSHI 团队合影，这些铁杆成员是 ATOSHI 发展壮大的背后推手，ATOSHI 每向前一步，都包含了他们无数的辛劳

绝地大师每天享受 188ATOY 奖励，公司业绩越好，金额越高。绝地大师和金牌销售可同时享有。

基于以上奖励机制，原子链帮广大用户实现了在家创业的梦想。我看到有不少人为了推广社群凌晨还在工作，眼睛都熬红了，还有的为了让一个用户注册，可以开车百余里过去宣传，更有人在寒冷的冬天，举着原子链的宣传牌宣传，冻得手都发抖。我很感激他们的支持，同时也一再强调，请大家宣传时一定注意方式方法，不做夸大宣传和虚假宣传，我们应该实事求是地让别人认识真正的原子链。

曾有位用户给我发来消息：廖总，非常感谢，感谢你为我们家发了 4.7 万的奖励，这是我人生第一次存款超过 1 万元。马上过年了，我们家换了新的被子，买了新的碗筷，我对女儿说我要请她吃大餐，年前买电视给她看春晚……这位发短信的大姐是一位妈妈，因为要照顾身患残疾的女儿，无法外出就业。还有一位乡村老师，她告诉我当年支教去了偏远的山村，支教几年后被世界所遗忘，支教收入很低，她一度就要放弃，通过做原子链分享，所得收入让家里经济环境得以改善，这让她做老师更有动力，也更无后顾之忧了。

用户的支持为我提供了源源不断的动力，让我从创业的寒风中挺了过来。回顾这一路走过来的历程，充满艰辛。

上：2020年年会上，我为与会的嘉宾介绍一年来原子链所取得的成绩，以及未来的发展方向

中：ATOSHI年会上，我和同事共同表演《汉服秀》，大家评价我扮演的秦始皇威武霸气。和员工一起排练、演出，与大家近距离接触，让大家了解到廖望不只是一个创业的疯子，还拥有一个有趣的灵魂

下：我为给公司做出卓越贡献的员工颁奖

2018年3月我开始涉入区块链创业，5月份开始宣传，有很多人站出来支持我，但几个月之后，他们又变成了质疑我的人。12月底，我们遭受了最惨痛的团队动荡，公司只剩下三个人，包括我在内。我顶着压力继续做事，经常凌晨还在工作，那时候我既是老板，又是产品经理，每天都在思考项目的突破点，如何落地，如何做好产品。最终我定下要在商城进行突破，后来才有了转机。2019年5月25日，原子恋商城上线，社群活跃起来了，上线第一个月用户注册已经突破13万，平均日单量近2000，月利润突破百万。这时候，机器人刷量来了，他们拿着刷到的原子币和原力在场外售卖。黑客写脚本攻击，让公司花更多的钱买流量和它对抗。社群成员重建的信心再次被挫伤。部分用户退出，还有一部分人借此散发谣言，社群被弄得乌烟瘴气。此时，我仍然拒绝妥协，向技术部门下发死命令，一定要想办法灭掉这些漏洞，让黑客无利可图！技术部门不负众望，通过技术手段，实名认证解决掉了这个问题。之后，原子链的道路逐步稳健起来，曾经很多观望、质疑、谩骂的人又重新回到IMFO阵营当中。

有很多人说我做事冲动，为什么不想好了再去干，那样就能少走一些弯路。我说面对行业大风口，想清楚了反而做

ATOSHI 团队足球场合影。我要求公司把每周最后一个工作日的最后半天定为带薪运动时间，因为我认为运动能唤醒我们身体中的潜能，带给我们积极正向的能量面对工作和生活。我想用这个理念影响我身边的人，鼓励大家超越自我，追求卓越

不好，思前想后到时候恐怕机会也错过了。马云最初涉入互联网的时候，做的是黄页，后来他发现他要帮助广大中小企业解决生意难做的问题，做着做着又发现没有帮助到买东西的人，于是才有了 C2C 的模式，就是淘宝。一个成功的人敢于面对不确定的世界，敢想敢干，遇到问题，有解决问题的能力，逢山开路，遇水架桥。除此，这个人还要具备顶层设计的能力，懂得如何将财富分配到合适的人手中。

自从加密货币进入大众视野以来，市场上出现了一大批以圈钱为目的的假币、空气币，这些币只讲概念，不讲技术，更不讲应用。原子链团队将放眼于未来，踏实做好落地应用，服务好用户，为创建一个全球市值最大的伟大公司而奋斗。

未来，互联网技术的发展最终会促进无现金时代的到来，加密货币将成为我们各种消费场景中不可或缺的部分，这是发展的趋势。届时，加密货币将终结美元的霸权，带领人类进入一个全新的更加公平公正的数字化现金时代。

6.3

创业是我的爱好，小原子也可以点亮世界

决定回国创业以后，我将迪拜的房产公司托付给了在我迪拜公司工作了10年的老员工和其他一些骨干力量，随后我带着女友和两个孩子定居北京，全身心地投入新的事业中。

区块链领域被很多人称之为“人类历史第四次工业革命”，面对如此巨大的浪潮，我无比兴奋，但也深知前方道路的艰辛。为此，我几乎投入全部的精力，没日没夜的和我的团队奋战在一起。上一次像这样高强度地工作，大概是十年前，那时候我是一枚穷屌丝，还在为了生存疲于奔命。有人问我，你已经实现财富自由了，何苦还要经受这样的劳累？

了解我的人都知道，我是一个实干型创业者，不是贪图短期享受的人。我28岁实现财富自由，投资过数百套房产，但直至33岁才买了一套条件好的高尔夫庄园别墅居住，在

此之前就是随便住一套简单装修的公寓。我觉得我一个农村来的孩子，先不要讲究住得有多土豪，所有的资本应该投入到继续创业当中。尽管我买了很多房子，这其中有店铺，有住宅，也有别墅，但都被我转手卖掉或者拿去收租金了。我住的地方是离公司最近的一个小区，下楼就能办公，而且那里迪拜华人聚集，生活比较便利，这样我有更多的时间创业。那时候，我带朋友到家里玩，不熟悉的人会觉得不可思议，说我自称是房产公司的老板，住那么个地方，分明就是在吹牛!

2016 年，我儿子出生了，我不得不认真考虑要为自己和家人置办一个家了。我看了很多房子，终于在 2017 年做出了选择和决定。房子位于朱美拉高尔夫庄园，是迪拜顶级的小区，这里环境优美，私密性好，小区业主素质很高，其中富豪居多。

换了新的住所之后，我着实享受了一阵“土豪”生活——坐拥近 1 千平方米的大别墅，一个人开三辆豹子号豪车，在家有保姆，出门有司机，公司有能干的总经理、贴心的财务，每天都有一种耳畔清风的感觉。实际上我有很多兴趣爱好来打发时间，但是不得不说，一味享受生活总让我感到莫名地心慌，因为它从根本上违背了我的初心。

我不是一个可以终日悠闲的人，我对创业始终饱含兴致。比起大把大把挥霍金钱，我更喜欢创业充实的感觉。

由于家庭的缘故，我在童年时代便懂得要创业要奋斗，一个人推着板车走街串巷兜售家里种的西瓜。中学、大学时期我做了很多工作为自己赚取学费和生活费，除了留下必要的开销，多出来的钱我都会拿来投入下一次买卖。过往的经历让我习惯于钻研创业机会，并且乐此不疲。

我中学时代读过的一本书《穷爸爸，富爸爸》，对我影响很深。还记得书中有这么一句话——“穷人为钱工作，富人让钱为自己工作”，从那时起我便常以“富人思维”来指导自己。

我最初在迪拜做房产的时候，收入并不高，但是一直恪守诚信，该花的钱一分不少。众所周知，房产这一行要想做好，最重要的是手里掌握足够多的房源和客源。为了得到这些资源，曾经有段时间我每天凌晨三四点钟起床挨个楼盘散发传单。后来我发现，迪拜那些高楼里的保安收入很低，每个月的薪水换成人民币也只有3000左右，而且他们每天站岗，工作很辛苦。同时我又知道，但凡是过来看房的人必须要在保安那里登记，所以其实保安掌握了第一手的买房和租房信息。保安收入低，但是能够接触到房源和客源，那么我为什么不和他们搞好关系谈一些合作呢？

我专程去买了很多小礼物，每次见到保安都会送上一些，一来是体现对他们的尊重，二来是确实想和他们建立起良好的信任关系。有了相互的信任之后，我请他们帮我介绍一些客户，并承诺一旦成交，如果是租房我拿出 1000 块作为他们的辛苦费，如果是买房，则给 3000。3000 块基本上相当于他们一个月的收入了，所以他们很心动，也答应为我帮忙，但我心里清楚，实际上他们不太相信我真的会拿出钱来。

后来，有些保安确实为我介绍了客户，成交之后，不等他们问我，我第一时间把钱送到他们手上，兑现了自己的承诺。久而久之，那些高楼里的保安对我印象都非常好，有好的房源、客源，不用我问，他们便会主动告诉我。此后，我的生意形成一个良性循环：良好的声誉换来第一手的信息，促成不错的交易量；交易量上涨为公司赢得口碑，房源和客源也就越来越多。

我投资房产之后，我的很多同行都愿意给我介绍生意。跟同行合作，我从来都不含糊，谈好给几个点的中介费就一定给几个点，谈好给几个点的利润分成，则一分都不会少。而且我绝对不会绕过同行，找业主直接成交。其实对我们干这行的人来说，是能直接找到业主的，因为我们有 Data Base，就是在土地局登记的房产数据库。所以任何一个房产背后的业主，我都能知道他是谁，但是我不会这么做。我的同行都知道我从来不会为了省几万块、几十万甚至上百万而背弃他们，因此他们都敢同我合作。

我迪拜原子能房产公司的员工，有的人一个月能拿近 70 万的奖金。为什么？因为他值这个钱。他为公司创造了 100 多万的利润，就应该得到高额的奖励。我把迪拜的两家公司都放手交给总经理去管，总经理没投公司一分钱，但是我把公司利润的 50% 都分给他。我的原子链研发团队的每个成员都会根据不同的业绩得到相应的奖励，并且我向他们承诺，在公司多干一年就多增加一个月的薪水，如果他们能干十年，那么每年将会领到 22 个月的薪水。所以，在这种奖励机制下，无论是最底层的员工还是高层管理人员，他们都愿意像老板一样为公司操心、拼命，不顾一切地往前冲。

来北京之后，为了让 Anna 开心，也为了让我的两个孩子有地方玩，我投资了一家商场里面的儿童乐园。乐园总面积 500 多平方米，有淘气堡，也有电玩城。哪知 Anna 并不热心这一类的生意，我便找到一个曾经在迪拜为我工作过的老员工，请她帮忙打理。她嫁人之后，为了跟老公在一起，放弃迪拜的高收入，回到北京找了一份商场导购的工作，每个月拿 6000 多块钱的薪水。我请她帮我全权管理这个儿童乐园，给出的待遇是 7500 的底薪，外加流水的 5% 或者是利润的 40%，这两项哪一项高她选哪一项，并且营业时间由她来决定。装修的时候也由她全部做主，她说装什么风格就什么风格，要买什么设备就买什么设备，我只负责掏钱。后来她怀孕了，我告诉她，想去就去，累了便早点下班，工资一分都不会少。当初建这个儿童乐园，我没想着挣钱，但没想到，她帮我经营得很好。

在迪拜我有三辆车，保时捷、悍马、奔驰跑车各一辆，车不是什么顶级豪车，但是车牌都很好，极具收藏价值。来北京之后，我又买了一辆特斯拉 Model X，没有追求更豪华的车是因为我认为车会贬值，而车牌会升值。实际上，买这些车也并非我有多么喜欢，我不是一个对车狂热的人，有些时候我甚至讨厌开车，宁愿选择打车或者坐地铁。买车的目的无非是代步和为了生意场上需要。在迪拜投资房产的那些年，有时我一次性买一层楼或者几十套房产，出去谈生意，总要有一些身外之物向别人展现自己的实力。如果开一辆还说得过去的车，对方可能会开出更加优惠的条件，比如原来的付款期限是 3 个月，改为 6 个月。但如果对方看你开的是一辆二手的三菱，他巴不得让你一次性付完全款，生怕你违约。来北京之后，我迪拜的车不开了，别墅让表弟住着，每个月掏着昂贵的物业管理费。不过这些开支算不上浪费，因为我要让原子能房产的员工放心，相信他们的老板不会跑路并且有实力发得起工资。

巴菲特的搭档查理·芒格在一次采访中说过，拥有金钱头脑的人，往往在如何赚钱方面有着不同于凡人的直觉和意识。但是，这种金钱头脑也有副作用，那就是，这种人往往会十分看重金钱的作用，不会轻易就把钱随便花出去或者捐出去。对于我来说，也是如此。我认为，该花的钱一定要花够，不该花的就一分都不要花。公司办公的部分电脑我会让采购人员在市场上淘一些二手的，但是员工的工资我一定会给足，因为好的员工绝对不便宜。这就像母亲常说的那句老话：钱要花在刀刃上。挣钱不容易，花钱要有方法。

另外作为一个创业者，我一直觉得应该有所为而有所不为。在迪拜做房产那么多年，有很多客户买房人都不露面，直接就把钱打到公司的账户上，然后寄一份护照复印件和法院授权书，让我们帮忙过户。我从来都不会动客户的一分钱，只赚自己该赚的那部分。所谓君子爱财取之有道，就是这个道理。母亲从小就教导我们，做人要堂堂正正，要做个好人，做个让人家尊敬你的人。母亲的教诲是我恪守一生不变的原则。

再次创业，我绝不会为了挣钱而挣钱，而是把钱当成实现人生梦想的帮手。我认为人从穷到富，或是从富到穷都没有什么了不起，即便是现在让我变得身无分文，把我扔到一个完全陌生的国家，那个国家没有一个华人，国人不说汉语也不说英语，我一样可以快速地崛起。

自从看到区块链这个可以重塑世界格局的新科技，我长久的兴奋就像艺术家找到了无尽的灵感一样，我找到了自己可以奋斗一辈子的事业目标。

原子链为高潜质的公司做天使投资

区块链是通向未来的技术，比特币启蒙下的一系列加密货币，可以重塑世界金融格局，提高国际支付生产效率，降低支付成本，让各国人民更加平等地参与世界金融，进而可能让各国经济实力大洗牌。我国凭借强大的实体经济，加上更加平等的国际金融环境，在一定程度上有助于大国崛起。

就像早期互联网也被误解一样。最早一批搞互联网的很多人也被骂成骗子，甚至还有互联网应该电信局来搞而不应该民间来搞的争议。

区块链这个行业也处于早期，会被不理解的人骂成骗子，当然也真有骗子浑水摸鱼。时间会证明，实干的企业家一定会引导这个新行业给世界赋能的。

为此我感到非常充实和欣慰，因为我在引导这个新行业给世界赋能，小原子也可以点亮世界！